CHATEAUBRIANT.

ESSAI

HISTORIQUE ET LITTÉRAIRE

SUR

CHATEAUBRIANT

PAR

Lucien DEGRON

CAEN
TYPOGRAPHIE GOUSSIAUME DE LAPORTE
Rue au Canu, 5

1865

ESSAI

SUR CHATEAUBRIANT

———»«———

Il s'est à peine écoulé dix-sept années depuis que Châteaubriant n'est plus, et déjà, lorsque nous évoquons son souvenir, il nous semble envisager une gloire d'un autre âge. C'est que dans la vie des peuples comme dans la vie des hommes, surtout en nos jours de révolutions politiques et de transformation sociale, dix-sept années sont un espace considérable, *grande mortalis ævi spatium*. Tout s'est profondément modifié autour de nous durant cet espace, tout a changé : le gouvernement et la société, les idées et les mœurs, les personnes et les choses. L'on peut dire qu'un abîme nous sépare de cette année 1847, la dernière de la vie de Châteaubriant, année qui ne devait pas voir, mais que devaient suivre de si près le naufrage de la monarchie de Juillet et l'avénement de la démocratie en ces temps de trouble et d'agitation où l'anarchie parvenant au comble devait bientôt appeler les réactions violentes du pouvoir. La littérature n'a pas eu un meilleur destin que la liberté en ces années désastreuses. Nous avons vu disparaître l'une après l'autre la plupart des grandes personnalités qui avaient répandu tant d'éclat sur la première moitié de notre siècle, génération pleine de sève et de puissance dont Châteaubriant peut être considéré comme le glorieux patriarche. De plus en plus rares s'élèvent ces grandes voix. Le vide se fait et le silence autour de nous. Rien n'apparaît, aucune renommée, aucune gloire nouvelle qui puisse nous consoler ; car je ne sais quel fatal niveau a passé sur les générations qui arrivent, il ne s'en dégage rien de grand, aucune originalité fortement accusée, aucune personnalité puissante.

Le voyageur qui descend des montagnes et après avoir franchi les dernières ondulations poursuit sa route à travers la plaine, éprouve bientôt avec l'ennui le besoin de se retourner pour admirer encore la beauté et l'élévation de ces monts qu'il vient de parcourir, leurs cîmes neigeuses et étincelantes, et leurs flancs où se suspendent les nuées. C'est ainsi que fatigué de la médiocrité des hommes et des choses à travers lesquels nous avançons, perdu dans ces foules où les individualités s'absorbent, dans ces hiérarchies sans fin où les physionomies s'effacent et disparaissent, nous nous retournons avec bonheur vers les grandes figures du passé et de préférence vers celle de Châteaubriant qui nous apparaît entre toutes illustre et dominante.

Dire en nos jours d'abaissement et de mercantilisme littéraire, la dignité de cette vie consacrée à la recherche désintéressée du beau ; célébrer en ces temps de défaillance et d'apostasie la grandeur d'une carrière politique si noblement parcourue, nous semble chose utile et opportune.

Puisse notre voix être entendue et contribuer toute faible qu'elle est à accélérer le réveil des âmes que semble annoncer enfin plus d'un heureux présage.

I.

Au début de notre siècle, la France parmi toutes les gloires et toutes les prospérités du Consulat était dans la tristesse en considérant l'état d'abaissement où était tombée sa littérature. Les sciences avec les Monge, les Berthollet et les Laplace ; les beaux-arts avec les Vernet, les Gérard et les David, jetaient un nouvel éclat. Les lettres demeuraient complétement stériles ou n'enfantaient que des œuvres sans caractère et sans originalité. On en était toujours à cette fade littérature classique de la fin du xviiie siècle, coquette surannée et à bout d'artifices, *vieille rajeunie dont la vue seule respirait l'ennui*. Qui pourrait jamais rendre la vie à cette littérature épuisée? Comment infuser un sang jeune et riche à cette littérature mourante! On commençait à désespérer de l'avenir lorsque l'on vit tout-à-coup à côté du génie de Bonaparte se lever un génie rival, celui de Châteaubriant : le *Mercure* publiait *Atala*.

L'on ne saurait dire la surprise et l'émotion que produisit l'apparition de cette œuvre étrange et originale. Tout un monde inconnu se révélait aux imaginations. Les forêts vierges de l'Amérique, cette nature grandiose et primordiale où débordaient la vie et les passions primitives, la grande voix de la religion déjà retentissant au milieu de ces solitudes offraient des spectacles dont l'éclat et la nouveauté saisissaient. Atala cette jeune héroïne demi-sauvage et demi-chrétienne, entraînée par un amour invincible que combat une foi mal éclairée et se donnant la mort pour ne pas succomber à sa passion, remuait profondément les cœurs. On partageait le désespoir et les emportements de Chactas dont la sauvage beauté, les sentiments naïfs et la touchante jeunesse exerçaient un charme irrésistible sur des esprits blasés par une civilisation excessive et corrompue. L'on était ravi d'entendre le langage ineffable de ces jeunes amants sous le dôme des forêts séculaires, ces hymnes d'amour à travers les solitudes comme on n'en avait jamais entendu depuis le Cantique des

Cantiques, ces entretiens aux tendresses infinies que semblait redire une nature pleine de vie et d'allégresse. Peu à peu le tableau s'assombrissait; le drame devenait palpitant; l'orage des passions, après avoir longtemps grondé sourdement, éclatait enfin, et la voix de la religion qui calme les tempêtes se faisait entendre grave et douce, sévère et compatissante, trop tard, hélas! pour ranimer les joies de la terre, mais à temps encore pour adoucir la mort et calmer le désespoir.

C'était dans les descriptions de ces régions inconnues une richesse et une variété, dans l'expression des sentiments et des passions une éloquence sans exemple avec je ne sais quoi de vague et de triste qui déjà déposait dans les âmes le germe de cette mélancolie que *René* devait développer à l'excès. Quel contraste avec la littérature du jour aux allures froides et compassées, avec la prose raffinée des Ginguené et des Laharpe, avec les tragédies grecques ou romaines de Chénier et les poëmes sur la *Pitié* de Delille! Déjà Buffon, déjà Rousseau et Bernardin de St-Pierre avaient fait parler à la nature un magnifique langage. Châteaubriant se montrait son véritable interprete en même temps que son peintre le plus brillant; il lui donnait dans son œuvre la plus large place; il en faisait son principal personnage pour ainsi dire. Notre langue s'était toujours distinguée par son génie spiritualiste et son caractère abstrait ; avec lui elle se faisait *concrète ;* elle devenait pittoresque ; l'expression directe de la pensée était remplacée par son image, transformation qui exerça dès l'abord une séduction irrésistible.

Le succès d'*Atala* fut immense. Les deux jeunes sauvages de Châteaubriant devinrent populaires à l'égal de *Paul et Virginie.* En vain quelques esprits chagrins ou intéressés protestèrent avec l'abbé Morellet. Leurs voix se perdirent dans les applaudissements universels : la révolution littéraire couronnait la révolution sociale.

Mais *Atala* n'était qu'un épisode détaché d'une œuvre autrement vaste et considérable, ce n'était qu'un prélude. Le chant allait bientôt se faire entendre. Dès l'année suivante Châteaubriant publia le *Génie du Christianisme,* le *Génie du Christianisme* qui venait compléter la révolution littéraire et déterminer une révolution morale.

Publier une apologie du christianisme au sortir d'une révolution qui s'était attaquée avec une égale fureur à la religion et à la royauté, au milieu d'une société où les idées de Voltaire dominaient incontestées, où ses railleries et ses sarcasmes contre *l'infâme* composaient toujours la monnaie courante du bel esprit, quand il était universellement admis que le christianisme, c'était la barbarie, le grand obstacle au progrès des lumières et à l'émancipation du genre humain, était une entreprise bien hardie et périlleuse. Comment triompher de tant de préventions et de haines ? Quelle prise pouvaient offrir des esprits qui avaient pris part aux orgies sanglantes de la Terreur, qui avaient assisté aux fêtes de la déesse Raison et à la proclamation de l'Être suprême ? A coup sûr il n'était plus de saison de recourir aux preuves discréditées de l'ancienne apologétique, de descendre dans l'examen approfondi des dogmes, de développer les preuves de tradition et de raison. Le siècle eût souri et détourné la tête, il fallait avant tout ramener les regards vers cette religion qu'on méprisait, parce qu'on ne la connaissait plus; et pour cela séduire les imaginations et toucher les cœurs. La beauté seule pouvait opérer ce prodige, la beauté qui en captivant les yeux dispose favorablement les âmes et les fait s'ouvrir à la persuasion. Il fallait montrer le christianisme revêtu de toutes les séductions de la beauté. Châteaubriant le comprit, et la Providence l'avait doué merveilleusement pour mener à bien cette grande tâche.

Toutes les beautés du christianisme apparurent resplendissantes dans son œuvre : beauté des dogmes et de la morale, beauté du culte et des cérémonies, beauté artistique et littéraire. *Beauté des dogmes et de la morale :* il disait la profondeur insondable de nos mystères, leur charme inexplicable et leur secrète conformité avec les instincts les plus intimes de l'âme humaine ; les consolations et les secours que procurent à nos misères et à notre faiblesse les sacrements de cette religion divine qui bénit et consacre tous les grands actes de l'existence, et prenant l'homme à son berceau l'accompagne jusqu'à la tombe. *Beauté du culte et des cérémonies*: quelle religion eut des temples plus dignes de la divinité ? Quelle hardiesse écrasante, quelle imposante majesté dans ces vastes basiliques dont les voûtes sublimes portées dans les airs par des forêts de piliers semblent dire à notre petitesse présente la grandeur de nos destinées! Tous les arts se sont donné la main pour les embellir. Aux jours marqués les pompes les plus magnifiques s'y déploient ; la gravité de la liturgie, la solennité des chants, le sens touchant des mystères, tout y parle à notre âme et répond à ses plus hautes aspirations. Qu'elles sont belles les fêtes catholiques! Non-seulement les arts, mais la nature elle-même concourt à les rendre plus touchantes et plus éloquentes. L'Église toujours intelligente a su les mettre en harmonie avec le caractère des diverses saisons de l'année. C'est au printemps parmi les moissons naissantes que l'on voit s'avancer en longues files le troupeau des fidèles chantant les saintes litanies des *Rogations*. Les pompes de la *Fête-Dieu* se marient avec l'éclat du beau mois de juin; et le bruit des feuilles qui tombent sous le ciel gris de novembre ajoute encore aux saintes tristesses du jour des morts.

Mais c'était à la beauté poétique et littéraire, et à l'heureuse influence que le christianisme a exercée sur les arts et la civilisation que Châteaubriant s'attachait de préférence. Le paganisme produisit dans les arts la beauté de la forme, une beauté naturelle et humaine incomparable; le christianisme a transformé, a transfiguré cette beauté et lui a donné je ne sais quoi de surnaturel et de divin. Il suffit pour le reconnaître de mettre en regard d'Homère et de Virgile la Bible, Dante et Milton; d'opposer aux Phidias, aux Apelle et aux Praxitèle les Michel-Ange, les Raphaël et les Lesueur; aux siècles de Périclès et d'Auguste les siècles de Léon X et de Louis XIV.— Le théâtre moderne, que de ressources ne doit-il pas au christianisme et à la transformation morale qu'il a opérée dans le monde? Tous les sentiments se sont purifiés et anoblis. L'âme humaine s'est révélée avec des nuances inconnues, des délicatesses exquises qui ont été la source d'une foule de beautés nouvelles. L'amour, sentiment égoïste, maladie et passion fatale chez les anciens, est devenu le plus généreux des sentiments, celui qui a enfanté le plus de dévouements et de sacrifices.

qui a donné naissance à la chevalerie, qui a rendu à la femme sa dignité et son influence morale et inspiré des poëtes comme Pétrarque, le Tasse et Milton.

Mais en même temps que le sentiment de l'amour s'est fait plus pur et plus élevé, le sentiment du devoir est devenu plus profond, plus délicat, plus impérieux. Il en est résulté dans la conscience ces luttes douloureuses et pleines d'angoisses auxquelles notre scène doit ses plus puissants effets : il suffit de nommer le *Cid* de Corneille, la *Phèdre* de Racine et *Zaïre* de Voltaire, de Voltaire lui-même qui doit ses plus heureuses inspirations à cette religion qu'il méconnaît et qu'il outrage.

Qu'on cesse donc d'accuser le christianisme d'être ennemi des arts et de la civilisation et de faire obstacle au progrès des lumières. Le christianisme ennemi de la civilisation! Le christianisme qui a sauvé le monde de la barbarie au milieu des invasions dans ce terrible cataclysme qui entraîna l'empire romain ; lui qui à travers ces temps de ténèbres et d'ignorance a conservé intact le dépôt des sciences et des lettres ; qui, grâce au labeur patient de ses moines, nous a transmis les chefs-d'œuvre de l'antiquité et a préparé ce glorieux réveil que l'on a appelé *la Renaissance*.

C'est encore le christianisme qui, en proclamant

tous les hommes égaux devant Dieu et frères en Jésus-Christ, a modifié profondément l'idée du droit et de la justice dans les relations sociales : il suffit pour s'en convaincre de suivre la transformation qui s'opère dans la législation romaine à partir de Constantin ; et c'est encore ce dogme fécond de la fraternité des hommes qui contient le germe de la civilisation de l'avenir. Mais cette influence sociale du christianisme Châteaubriant ne fait encore que l'indiquer. Il y reviendra plus tard quand le courant du siècle y portera ; et il est réservé à ses *Études historiques* de la mettre en pleine lumière.

Tel était le riche fond d'idées nouvelles que le *Génie du Christianisme* apportait au monde, telles apparaissaient les grandes lignes de ce majestueux édifice. Mais ce qui excitait l'admiration, c'était moins la puissante ordonnance de l'ensemble que la richesse des détails, la beauté des épisodes, l'éclat et l'harmonie du style. C'est là que Châteaubriant né coloriste et digne d'être appelé le Titien de notre littérature prodiguait les trésors de sa merveilleuse imagination avec les accents émus d'une poétique éloquence. Il avait retrouvé la phrase aux amples contours, aux allures nobles et magistrales du dix-septième siècle, et il y ajoutait un luxe d'ornementation inconnu jusqu'à lui.

Le succès du *Génie du Christianisme* immense

comme celui d'*Atala* fut cependant plus contesté. C'est qu'*Atala* ne s'en prenait qu'à des doctrines littéraires, tandis que le *Génie du Christianisme* heurtait de front le siècle tout entier. *Atala* ne renouvelait que la langue; le *Génie du Christianisme* apportait un fond nouveau d'idées et de doctrines. Les descendants de Voltaire sentant leur empire menacé coururent aux armes. Ginguené dans la *Décade*, l'Académie française tout entière à l'occasion du prix décennal l'attaquèrent. Mais n'importe : le coup était porté, l'impulsion était donnée, et le dix-neuvième siècle entrait dans sa voie.

Châteaubriant parlant de Shakespeare dans ses *Mémoires* le met au nombre des *cinq ou six écrivains qui ont suffi au besoin et à l'aliment de la pensée*. « Ces génies-mères, dit-il, semblent avoir enfanté ou allaité tous les autres. » Châteaubriant est lui-même un de ces *génies-mères*. C'est le *Génie du Christianisme* qui a été le point de départ de tout le mouvement intellectuel de notre siècle, qui a été comme la source de tous les grands courants qui l'ont vivifié. Châteaubriant peut être considéré comme le père du romantisme non-seulement dans les lettres, mais encore dans les arts et l'on doit compter les Delaroche, les Ingres, les Delacroix au nombre de ses disciples aussi bien que les Lamartine, les Victor Hugo, les de Vigny et les de Musset. En signalant l'influence du christianisme sur les arts et les lettres, il a jeté les fondements de cette critique moderne qui s'est élevée si haut avec les Villemain et les Sainte-Beuve. On peut dire même qu'en appelant l'attention sur les premiers développements de la société nouvelle au milieu des ruines du monde romain, il a ouvert la voie à cette glorieuse école historique dont MM. Guizot et Augustin Thierry sont devenus les chefs illustres.

Mais le résultat le plus heureux et le plus incontestable produit par le *Génie du Christianisme*, ce fut le mouvement de retour qu'il imprima vers les croyances religieuses. Sans doute ce mouvement n'alla pas jusqu'à la foi pratique. Il était au-dessus des forces d'un seul homme de ramener d'un coup les esprits de si loin. Mais à sa voix les hostilités s'apaisèrent et les préjugés s'évanouirent. Si les volontés n'étaient pas encore entraînées, les imaginations étaient séduites et les cœurs émus : le sentiment religieux existait. Viennent les Lamennais, les de Ravignan, les Lacordaire, et les âmes de plus en plus fatiguées du doute accueilleront avides leurs éloquents enseignements; et le siècle fera de nouveaux pas vers la foi jusqu'à ce qu'enfin les jeunes générations subissant la contagion de la charité volent à la suite d'Ozanam dans la mansarde du pauvre et reprennent dociles et convaincues le chemin de l'église, comprenant enfin, grâce à de tristes expériences, que la religion est la seule base solide de l'ordre moral, de l'ordre social et politique, et de la vraie liberté.

De même qu'un épisode détaché, *Atala*, avait précédé le *Génie du Christianisme*, un autre épisode le suivit presqu'immédiatement. C'était *René*, *René* qui venait exercer une nouvelle influence dans la transformation de notre littérature, mais celle-là funeste. René implantait la triste mélancolie dans notre joyeux pays de France, dans cette vieille terre gauloise, la patrie des Rabelais, des Montaigne, des Lafontaine et des Molière. Déjà Rousseau et sa *Nouvelle Héloïse*, puis Gœthe et son *Werther* en avaient déposé dans les âmes le germe fatal. Châteaubriant faisant entendre après des jours de désolation et de ruines le profond gémissement de son génie blessé développa à l'excès ce germe malheureux.

Certes l'on ne saurait méconnaître les beautés neuves et originales dont étincelle le roman de *René*, tout l'intérêt qu'inspirent ces passions vagues et sans objet de la puberté adolescente exaltée par la solitude, cette première éclosion de la jeunesse, ce vague besoin d'aimer qui exhale ses aspirations sous les influences enivrantes d'une nature où débordent la sève et la vie printannières. René a près de lui sa sœur Amélie, grande jeune fille de seize ans, dont la sensibilité comme la sienne s'éveille triste et mélancolique. Bientôt l'amitié de leur enfance en traversant les ardeurs de la puberté revêt les caractères de la passion, passion étouffée qui n'ose se révéler devant les impossibilités morales. De là ces promenades à l'écart au fond des bois; de là ces aveux à demi voilés, ces tristes entretiens de la solitude: de là le drame et ses profondes angoisses. L'orage gronde longtemps dans leur âme, et la foudre éclaterait si Amélie ne prenait le parti de chercher un refuge dans la religion et d'étouffer sous le voile les élans de son cœur. René dans son désespoir fuit loin des lieux qui furent témoins de ses maux, emportant au fond des forêts américaines le trait qui le déchire et la marque du sceau fatal que les passions coupables impriment au front de leurs victimes.

La vague rêverie et la mélancolie profonde de René, nature trop impressionnable, organisation malade, âme repliée et inactive, vont devenir contagieuses. Il sera de mode pour toutes les jeunes imaginations de rêver creux à son exemple, de se draper dans une sombre tristesse, de porter à son front pâli la trace des passions funestes. René aura toute une descendance de héros malheureux et désolés, les Oswald, les Adolphe, les Chatterton, et puis toute cette fatale école de romans cherchant la source de l'intérêt dans les situations immorales. Mais le mal n'aura qu'un temps, l'engoûment aura passé vite grâce à ce bon sens impérissable qui se retrouve toujours au fond de l'esprit français ; et les utiles conquêtes que nous devons au *Génie du Christianisme* demeureront à jamais acquises à notre littérature.

Le nom de Châteaubriant se faisant jour au milieu de l'émotion et de l'enthousiasme que produisit l'apparition de ces œuvres extraordinaires, ne pouvait manquer d'attirer l'attention universelle. Tous les regards se tournèrent vers lui. L'on peut dire qu'il fit un instant échec à la renommée de Napoléon. Le rénovateur des lettres partagea les admirations avec le guerrier législateur.

Mais d'où venait ce nouveau génie ? Quelle était son origine ? Au milieu de quelles influences s'était-il formé ? Quelle avait été jusqu'alors son histoire ? On était avide de pénétrer une existence qui peut-être fournirait la clef d'une originalité dont on ne pouvait se rendre compte. On avait admiré l'écrivain, on voulait connaître l'homme. Châteaubriant n'avait rien à redouter de cette épreuve, lui dont la jeunesse avait été et dont toute la vie devait être semblable à un brillant poëme.

Issu d'une noble et antique famille qui avait autrefois donné des ducs à la Bretagne François-

René de Châteaubriant avait reçu le jour à Saint-Malo sur les grèves de cet Océan qu'il a tant aimé, dont le bruit monotone berça son enfance et devait encore gémir au pied de son tombeau, la même année et presqu'à la même heure où Bonaparte, l'autre génie du siècle, apparaissait au sein d'une autre mer : l'astre de la lumière sort des flots pour s'y replonger encore au terme de sa course.

L'enfance de Châteaubriant s'écoula dans les jeux de cet âge sans offrir aucune de ces particularités extraordinaires que l'on recherche dans l'enfance des hommes illustres. Il était fils cadet du sire de Châteaubriant. Son père fidèle aux traditions de son ordre le destina à l'état ecclésiastique ; et, pour le préparer à suivre cette carrière, il l'envoya successivement étudier aux colléges de Dol, de Dinan et de Rennes. Le jeune Châteaubriant ne se fit remarquer dans ses études que par une mémoire prodigieuse et son égale facilité à faire des vers latins et à apprendre les mathématiques. A douze ans, il savait tout Bezout par cœur. Deux livres qui lui tombèrent dans les mains au collége de Dol nous paraissent avoir exercé sur sa jeune âme une influence profonde : l'un de ces livres *les Confessions mal faites* exaltant sa dévotion le jeta dans des scrupules extraordinaires ; l'autre un Horace non *expurgé* vint troubler ses sens avant l'heure et allumer dans son cœur des feux inconnus. De là peut-être le caractère à la fois païen et chrétien de sa vie et de ses écrits, de là ce perpétuel conflit entre les aspirations de l'âme et les troubles des sens, l'un des puissants ressorts dramatiques de son génie.

Son adolescence qu'abrita le vieux manoir de Combourg s'écoula triste et rêveuse à l'ombre du noir donjon féodal sous l'œil d'un père austère et dur devant lequel tout le monde tremblait, n'ayant pour ouvrir son âme que la société d'une mère tendre et pieuse, esprit romanesque, imagination exaltée qui lisait Mlle de Scudéry et savait tout *Cyrus* par cœur, et l'amitié d'une sœur, nature rêveuse et mélancolique, organisation poétique et impressionnable comme la sienne. C'est durant les jours passés dans cette solitude à courir dans les bois et à chasser sur les étangs qu'il éprouva les vagues tristesses, les profonds ennuis, les orages du cœur auxquels *René* a dû le jour et qui sont revenus si souvent désoler sa vie. Enfin arriva l'heure de sortir de cet isolement funeste et de laisser les rêves pour se prendre à la réalité. Il fallut se décider pour une carrière. Ne voulant plus être d'*Église* le jeune Châteaubriant choisit l'épée et obtint un brevet de sous-lieutenant pour le régiment de Navarre infanterie. Comme il passait à Paris en 1788 pour se rendre à Cambrai où son corps tenait garnison, il eut en sa qualité de chevalier les honneurs de la présentation à Versailles et put voir briller encore les derniers rayons de la Royauté qui commençait à pâlir. L'année suivante il assista comme témoin à la prise de la Bastille et entendit les premiers débats de la *Constituante* que domina la grande voix de Mirabeau. Mais le spectacle de nos premières luttes politiques ne captivait pas toute son attention. Ses regards étaient attirés de l'autre côté de l'Océan, vers ces terres nouvelles où venait de triompher avec tant d'éclat la jeune liberté Américaine. Un monde inconnu dont il entendait de merveilleux récits se révélait à son imagination. Parcourir ces régions inexplorées, se perdre au fond de ces forêts immenses, retrouver à côté de nos sociétés vieillies la nature en sa primitive jeunesse, quel beau rêve! Disciple enthousiaste de Rousseau, Châteaubriant ne pouvait se dérober à la séduction du désert. Tous les fantômes de son imagination, toutes les aspirations de son humeur inquiète l'entraînaient vers les contrées lointaines. Mais comment réaliser ce beau rêve? Châteaubriant pour y parvenir conçut un projet plein d'audace et de grandeur; il forma le dessein d'une exploration géographique à travers toute l'Amérique du Nord depuis le rivage des Florides jusqu'à la baie d'Hudson. L'agrément de l'autorité royale lui était nécessaire, il lui fallait une mission. Il l'obtint grâce à l'entremise de M. de

Malesherbes dont son frère avait épousé la nièce; et vers le commencement de 1791 il partit laissant derrière lui les orages qui s'amoncelaient sur le trône ébranlé de Louis XVI. Sur les traces de Christophe Colomb il allait aussi découvrir un nouveau monde.

Nous ne saurions dire les premières ivresses, les débordements de la jeunesse et de la vie qui remplirent l'âme du jeune voyageur quand il salua les rivages enchantés des Florides, en présence de la luxuriante végétation des Tropiques, sur ces mers inondées de lumière et reflétant l'azur d'un ciel splendide. Son imagination s'enflamma, son âme s'émut et bénit l'Éternel. Mais laissons-le parler lui-même : « Ce n'était pas Dieu seul, dit-il, que je contemplais sur les flots dans la magnificence de ses œuvres. Je voyais une femme inconnue et les miracles de son sourire. Les beautés du ciel me semblaient écloses de son souffle... Je me figurais qu'elle palpitait derrière le voile de l'univers qui la cachait à mes yeux. » Cette femme inconnue vers laquelle, en présence de ces merveilles, s'élançaient ses aspirations de jeune homme et de poëte, c'était la Muse, c'était la Beauté. C'est sous les traits de cette femme céleste que lui apparaîtront tour à tour les diverses civilisations qu'il évoquera sur son passage : Atala et les forêts américaines, Velléda et les Druides, Cymodocée et la Grèce, Blanca et le pays du Cid.

Après avoir admiré la robuste jeunesse de la liberté américaine proclamant à la limite du désert les immortels principes des sociétés modernes, et s'être assis au modeste foyer de son glorieux fondateur, après s'être enfoncé dans les forêts immenses à la poursuite des poétiques chimères et avoir interrogé la Muse du Nouveau-Monde sur les cataractes du Niagara, Châteaubriant se disposait à poursuivre vers le Nord quand parvinrent jusqu'à son oreille les éclats de la Révolution française. Une gazette qui lui était tombée par hasard dans les mains lui apprenait tout-à-coup la fuite de Louis XVI, l'arrestation à Varennes, l'emprisonnement au Temple, et la réunion des officiers de l'armée sous le drapeau des Princes français. A coup sûr jeune homme encore inconnu et perdu au fond de ces déserts il pourrait impunément se tenir à l'écart et demeurer à l'abri des tempêtes qui bouleversent sa patrie. Mais il a un témoin, celui *devant lequel il craint le plus d'avoir à rougir,* sa conscience. Lui aussi il appartient à l'armée, il doit voler à la défense de son Roi. A cet appel de l'honneur qu'il entendra toujours Châteaubriant dit adieu à la nature et aux forêts américaines où lui ont souri les premières amours et qui doivent exercer une si profonde influence sur le développement de son génie, et il part pour la France, emportant dans son cœur avec l'image encore vague et confuse de la liberté le souvenir vivant des deux jeunes Floridiennes qui transfigurées par son imagination deviendront Atala et Celuta.

Débarqué au Havre au commencement de l'année 1792 Châteaubriant consacre à peine quelques jours au mariage que sa sœur Lucile lui fait contracter avec Mlle de Lavigne, femme charmante, esprit original, cœur excellent, dont il ne doit apprécier que plus tard les précieuses qualités. Pour le moment il ne songe qu'à l'accomplissement de ce qu'il regarde comme son devoir de soldat et de gentilhomme, et il s'empresse de se rendre à l'armée des émigrés où il va recevoir le baptême de feu sous les murs de Thionville.

C'est alors que commencent pour Châteaubriant les dures épreuves. Il ne rencontre que désenchantements et mécomptes au milieu des passions mesquines qui divisent l'entourage des Princes. Ses services ne sont accueillis qu'avec défiance ; et puis le sentiment nouveau du patriotisme pénétrant dans son âme, il souffre d'avoir à combattre à côté des ennemis de la France. Aux souffrances morales se joignent les souffrances physiques, les fatigues, la blessure, la fièvre, les routes pénibles à travers les boues de la Batavie. Puis c'est la mer qu'il lui faut traverser dans le plus grand dénûment ; c'est un asile qu'il lui faut aller chercher sur la terre étrangère. Malade, sans pain, sans argent, que devenir dans le misérable grenier de Londres qu'il est réduit à partager avec d'autres exilés aussi malheureux que lui ? Situation pleine d'angoisses qui ne lui laisse d'autres ressources que le travail, le travail opiniâtre.

Un rayon de lumière vint un instant traverser cette sombre existence. Son séjour à Beecles dans la maison hospitalière du révérend Ives, l'amour naïf et pur de Charlotte Ives, la fille de son hôte, lui fit un instant oublier ses maux et perdre jusqu'au sentiment de la réalité. Mais ce ne fut qu'un rêve et un rêve suivi d'un cruel réveil. Le cœur brisé par une séparation que l'honneur commandait, il lui fallut bientôt regagner la mansarde de Londres et les âpres labeurs.

Si durant ces épreuves Châteaubriant portait ses regards du côté de la France, c'étaient des spectacles plus désolants encore. L'horizon lui apparaissait tout embrasé des éruptions du volcan révolutionnaire. C'était l'immolation du roi martyr, c'était le massacre ou l'emprisonnement des siens, c'étaient tous les *crimes de la Terreur*. Voyant partout le triomphe du mal Châteaubriant se demanda s'il était une Providence. La lumière de la vérité s'obscurcit dans son âme ; le doute y pénétra avec ses cruelles angoisses.

Au milieu de ces luttes morales et de ces incertitudes douloureuses Châteaubriant écrivait, le jour faisant des traductions qui étaient son unique moyen d'existence, et la nuit, malgré la fièvre qui le consumait, retraçant les tourments de son esprit et les orages de son cœur. C'est ainsi que fut composé son premier ouvrage, l'*Essai sur les Révolutions*. Quand on songe aux conditions dans lesquelles se trouvait alors Châteaubriant, au peu de ressources dont il pouvait disposer, au peu de temps que lui laissait la nécessité de gagner sa vie, on demeure confondu devant un pareil travail. C'est une œuvre colossale qui atteste chez un auteur aussi jeune en même temps qu'une audace généreuse une érudition incompréhensible ; c'est l'effort désespéré d'une grande âme en peine de la vérité. La Révolution française détruisant de fond en comble une antique société qui avait duré plus de dix siècles, était le phénomène qui absorbait toutes ses préoccupations, et pour en avoir l'intelligence, pour en saisir la loi historique il s'adressait à toutes les civilisations, fouillait les archives des peuples anciens et modernes, interrogeait les ruines des vieux continents et les forêts vierges du Nouveau-Monde, bâtissant ainsi une véritable encyclopédie. Sans doute dans cette vaste compilation philosophique, historique et littéraire, se rencontraient bien des erreurs, bien des contradictions, bien des rapprochements forcés. Mais à côté des défauts se révélaient des beautés sans nombre, des aperçus nouveaux et ingénieux, des jugements pleins de justesse et d'originalité. A côté des témérités du style, il y avait les hardiesses heureuses. Il y avait cette exubérance que Cicéron aime chez les auteurs au début, et qui est pleine de promesses.

Si nous avons dans l'*Essai sur les Révolutions* comme un monument des inquiétudes et des troubles qui agitèrent l'esprit de Châteaubriant en ces années d'enfantement douloureux, les *Natchez* nous présentent le tableau tumultueux des orages de son cœur et les délires de son imagination malade. C'est l'ébauche puissante d'une vaste épopée de la nature mettant dans une opposition saisissante l'homme sauvage avec ses instincts primordiaux, et l'homme de nos sociétés avec ses goûts dépravés et ses passions funestes. Il va sans dire que le jeune disciple de Rousseau encore sous l'influence du maître y prenait parti contre la civilisation et les vices qu'elle enfante. Il était d'ailleurs à cette période de sa vie que nous pourrions appeler *Werthérienne*, si elle ne s'était personnifiée dans René : toutes les ardeurs, toutes les souffrances qui tourmentèrent son âme en ces tristes jours sont retracées en traits de feu dans les *Natchez*. Châteaubriant n'a publié qu'à un âge avancé cette œuvre de ses débuts; mais il n'a pas osé en retoucher les parties défectueuses de peur d'amortir la flamme dévorante qu'y avait allumée sa jeunesse.

L'*Essai sur les Révolutions* imprimé à Londres en 1797 commença la réputation du jeune écrivain et le réconcilia avec l'existence en lui donnant foi dans son génie et dans sa vocation littéraire. Ce fut pour lui en même temps que le premier sourire de la gloire un premier retour de la fortune. Les difficultés matérielles de sa situation disparurent. Les émigrés les plus illustres recherchèrent son amitié ; l'abbé Delille, le représentant le plus distingué de la littérature raffinée du xviiie siècle, M. de Montlosier, esprit bizarre et original, qui devait être plus tard l'adversaire acharné des Jésuites, Mme Lindsay, noble irlandaise qui réunissait dans ses salons une société d'élite et que Châteaubriant a surnommée la Ninon de l'Émigration.

C'est aussi vers cette époque (rencontre heureuse et providentielle !) qu'il se lia avec M. de Fontanes, l'ami sincère et dévoué, le chantre ému du jour des morts, qui, tout en demeurant fidèle aux traditions classiques, mérite d'être associé à la gloire du rénovateur de notre littérature pour les conseils éclairés dont il soutint et dirigea sa marche souvent hésitante et effrayée.

Châteaubriant était dans la joie de son premier triomphe et pouvait se croire enfin parvenu au terme des dures épreuves lorsqu'une nouvelle calamité vint l'atteindre encore, celle qui va le plus au cœur d'un homme, la mort de sa mère, calamité qui devait exercer sur sa destinée une influence profonde et décisive. Une lettre de sa sœur Julie lui apporta la fatale nouvelle en juin 1798. Sa mère après avoir vu périr son fils aîné sur l'échafaud, toute sa famille décimée par la *Terreur*, après avoir longtemps gémi elle-même dans les prisons venait de mourir et de mourir malheureuse dans son fils exilé dont les égarements avaient rempli d'angoisse sa dernière heure. Et quand le triste message parvint à Châteaubriant, sa sœur qui lui écrivait avait elle-même cessé de vivre. Ces deux coups frappés avec une telle rapidité l'ébranlèrent jusqu'aux entrailles. Dans sa douleur il voulut se tourner vers la philosophie qui avait remplacé la foi dans son âme ; il ne trouva que le vide et le néant au fond de ses maximes superbes. Alors la religion de son enfance, la religion de sa mère lui apparut de nouveau avec la beauté de ses dogmes et le trésor inépuisable de ses consolations. Dans son remords il résolut d'élever à cette religion qu'il avait oubliée un monument expiatoire qui fût agréé de sa mère dans le Ciel. La piété filiale déchirait le voile qui lui avait dérobé la vérité et lui montrait la voie : le *Génie du Christianisme* était conçu.

En même temps que l'écrivain découvrant enfin le but vers lequel devaient tendre ses efforts travaillait avec un zèle infatigable à l'ouvrage qui devait exercer une si salutaire influence sur l'avenir religieux et littéraire de la France, l'homme politique se formait parallèlement. Le spectacle de la société et du Gouvernement anglais était bien fait pour frapper une intelligence comme la sienne. Il ne pouvait manquer de puiser dans cette contemplation d'utiles enseignements. L'amour de la liberté était un instinct de sa nature qui s'était développé dans l'isolement de son adolescence et dans les voyages de sa jeunesse au milieu de l'Amérique affranchie ; combien cet amour ne devait-il pas s'accroître et s'enflammer encore en présence des libres institutions de la libre Angleterre, en ces jours glorieux pour le Parlement britannique où les Burke et les Pitt défenseurs intrépides de leur antique constitution engageaient avec les Fox et les Sheridan partisans des idées nouvelles des luttes demeurées fameuses. Châteaubriant suivait attentivement ces grands débats ; il étudiait dans tous ses rouages la monarchie représentative et déjà rêvait de doter un jour son pays de ces belles institutions convaincu que rien ne serait plus propre avec la restauration religieuse à relever la dignité morale de la France. Mais le 18 brumaire vint brusquement interrompre ses travaux et ajourner pour longtemps encore la réalisation de ses rêves.

La Révolution française venait d'accomplir une évolution nouvelle. Une ère de réparation succédait enfin aux jours d'orages et de ruine. On avait tout détruit; il fallait maintenant réédifier. Bonaparte, le génie de la guerre, devenu législateur, se faisait l'ouvrier de cette grande reconstruction. Revenant aux anciennes traditions monarchiques, prenant aussi pour modèle la savante organisation romaine, il enlaçait la société nouvelle dans les liens de cette administration puissante qui lui a survécu, administration imposante par son unité et sa centralisation, mais trop difficilement compatible avec la liberté qui, seule, entretient la vie au sein du corps social. Pour sceller cette réconciliation du présent avec le passé et donner à son œuvre une base solide, il s'était empressé de rappeler les émigrés et de rendre les temples à la religion.

Châteaubriant se hâta de profiter de cet heureux changement pour regagner la terre de France si longtemps fermée pour lui. Bien tristes encore furent ses premiers pas au milieu des ruines accumulées et des images funèbres de ses proches moissonnés par la Révolution. Mais il retrouvait la patrie; et puis, ce voyage douloureux conduisait au triomphe : Châteaubriant rapportait *Atala* et *le Génie du Christianisme*.

Nous avons dit l'admiration et l'enthousiasme qui accueillirent ces ouvrages. L'existence agitée de l'anteur, son histoire avec les orages de sa triste et poétique adolescence, les pérégrinations de sa jeunesse et les souffrances de son exil, n'exerça pas sur les imaginations un moindre prestige : l'auteur de *René* apparaissait avec la triple auréole du génie, de la jeunesse et du malheur.

———

Toutes les illustrations du jour s'empressèrent autour du jeune écrivain. C'était l'heure où les salons si longtemps fermés commençaient à se rouvrir. On se cherchait au milieu des ruines; on se retrouvait avec attendrissement. De nouveaux cercles se formaient reprenant les élégantes traditions de la vieille société française pour les prolonger quelque temps encore au milieu des mœurs nouvelles. C'est alors que Châteaubriant fut accueilli chez Mme de Beaumont, l'illustre fille de M. de Montmorin, dont la belle et douce figure *jam pallida morte futura*, apparaît si touchante au milieu des rayons de sa jeune gloire, la muse des débuts, comme Mme Récamier sera la muse des derniers jours. Châteaubriant vit se grouper autour de lui chez Mme de Beaumont, les personnages les plus éminents dans les lettres et dans la politique : Fontanes, dont nous avons déjà rencontré le nom, le vieil ami sévère et dévoué qui ne lui épargnera jamais les sages conseils ; Mme de Staël, cette autre héritière du génie de Rousseau, qui exercera aussi sa part d'influence dans le renouvellement littéraire en popularisant l'étude des littéraratures étrangères ; le philosophe Joubert, moraliste délicat et profond, cachant une âme tendre et aimante sous les froids dehors de l'égoïsme ; M. de Bonald, politique métaphysicien qui, comme Châteaubriant, travaillera plus tard à faire triompher les principes de la monarchie constitutionnelle ; MM. Pasquier et Molé, ces autres patriarches de notre XIXe siècle qui doivent demeurer au milieu des jeunes générations comme les derniers représentants de l'exquise politesse et de l'élégante urbanité de la vieille société française qui s'en va. Châteaubriant goûta les plus douces et les plus délicates jouissances dans ce sanctuaire de l'amitié et des lettres. Mais la mort devait y jeter bientôt la désolation en frappant celle qui en était l'âme et le plus bel ornement.

Bonaparte tout entier à son œuvre de reconstitution sociale ne s'émut pas tout d'abord des triomphes de Châteaubriant. Grand homme d'État autant qu'il était grand capitaine, voulant replacer la société sur sa véritable base, la religion, il applaudissait, lui aussi, au *Génie du Christianisme*, qui venait à propos donner de la popularité à son entreprise et l'aider à vaincre les résistances voltairiennes ;

il ferma les yeux en faveur de cet utile concours sur les tendances monarchiques de l'œuvre. On était en 1802. Après l'adoption du concordat par le Corps Législatif, Lucien Bonaparte donna une fête à son frère ; Châteaubriant y fut convié comme *ayant rallié les forces chrétiennes* et les *ayant ramenées à la charge*. C'est là qu'il allait pour la première fois se trouver face à face avec Napoléon, alors dans tout l'éclat de la jeunesse et de la gloire. Qu'allait-il jaillir de la rencontre de ces deux hommes extraordinaires ? Écoutons Châteaubriant lui-même : « J'étais dans la galerie, dit-il dans ses *Mémoires*, quand Napoléon entra. Il me frappa agréablement. Je ne l'avais jamais aperçu que de loin.... Une imagination prodigieuse animait ce politique si froid.... Tous ces hommes à grande vie sont toujours un composé de deux natures ; car il les faut capables d'inspiration et d'action.... » Bonaparte le reconnaît dans la foule, il se dirige vers lui et, comme Châteaubriant, au lieu de s'offrir à sa rencontre, se dérobe, il l'interpelle de sa voix sonore. Le transportant brusquement, sans préambule, au milieu de l'Égypte et des Arabes : « J'étais frappé, dit-il, quand je voyais les cheiks tomber à genoux au milieu du désert, se tourner vers l'orient et toucher le sable de leur front. Qu'était-ce que cette chose inconnue qu'ils adoraient vers l'orient ?.... » Puis après une apostrophe aux idéologues et la misérable petitesse de leurs systèmes en face de la grandeur du christianisme, il se détourne incontinent et s'éloigne. C'était l'aigle fondant sur sa proie pour l'emporter dans son aire ; mais si Napoléon était le génie de la domination, Châteaubriant était celui de l'indépendance, il devait échapper à sa serre puissante.

Cependant il ne refusa pas tout d'abord ses services à celui qu'il regardait comme l'homme de la Providence en ces jours de désordre et d'anarchie. Le poste de secrétaire auprès du cardinal Fesch, ambassadeur à Rome, lui ayant été offert, il l'accepta. Il ne croyait pas manquer à la foi jurée à ses rois légitimes en prêtant son concours au premier magistrat élu de la République ; et puis il allait voir le pays *où les citronniers fleurissent*, l'Italie où l'appelaient tous ses instincts de poëte et d'artiste, cet heureux climat de la lumière, des belles formes, des harmonieux contours, qui devait développer dans son âme comme dans celle de Goëthe le sentiment de la beauté plastique. Comment résister à une telle séduction? Contempler après la vie sauvage en sa jeunesse primitive les débris des civilisations antiques, après les grands spectacles de la nature, les chefs-d'œuvre de l'art, était depuis longtemps son rêve. Châteaubriant s'empressa de se rendre à son poste (juin 1803). Bien des désenchantements l'y attendaient encore.

Nature loyale de poëte et de gentilhomme, il était peu fait pour les intrigues et les nécessités bureaucratiques de sa nouvelle position. Il eut à souffrir bien des tracasseries de la part d'un supérieur malveillant et jaloux. Mais il s'en consolait en présence des merveilles qui l'environnaient, partageant son admiration entre les splendides monuments de Rome chrétienne et les débris gigantesques de Rome antique, allant de St-Pierre au Colysée, du Vatican au palais des Césars, de la sépulture des saints Apôtres au tombeau de Cecilia Metella. Le spectacle de cette puissance nouvelle qu'exerce un vieillard perdu au milieu des ruines et qui, sans prestige et sans appui matériel, s'élève plus grande et plus incontestée que toute la puissance des empereurs, le touchait profondément. La contemplation de ces deux civilisations superposées était pour lui pleine d'enseignements et déposait dans son âme des germes féconds.

Mme de Beaumont étant venue le rejoindre ajoutait encore par sa présence au charme des monuments et des ruines. Il est doux, en présence des choses de l'art, de pouvoir confier ses pensées et ses impressions à une amitié intelligente. Mais ce bonheur passa vite. Le mal inexorable qui, depuis longtemps, minait Mme de Beaumont fit tout à coup de rapides progrès, et le 4 novembre 1803 elle succombait dans sa fleur. Ce fut pour Châteaubriant un déchirement profond. La blessure saigna longtemps dans son âme, malgré les douces consolations que ses amis, Joubert, Fontanes et Mme de Staël s'empressèrent de lui prodiguer, ne pensant pas qu'eux aussi on les verrait bientôt jalonner de sépultures lamentables la route du barde voyageur.

Désireux de quitter des lieux désenchantés et maintenant remplis d'un souvenir funeste, fatigué des tracasseries que le cardinal Fesch lui suscitait, Châteaubriant résolut de donner sa démission. Mais Napoléon le prévint, et, pour le faire sortir du rang subalterne où souffraient sa nature indépendante et son génie supérieur, il le nomma ministre de France dans le Valais.

Avant de se rendre au nouveau poste qui lui était assigné, Châteaubriant alla demander un instant de calme et d'apaisement au beau ciel de l'Italie méridionale, au doux climat de la voluptueuse Parthénope. Naples, la belle, mollement couchée au fond de sa baie enchanteresse, et montrant à l'horizon le cratère fumant du Vésuve, ne dirait-on pas la volupté même invitant le voyageur à cueillir les délices de la vie en lui présentant l'image de la mort prochaine. Il semble qu'on l'entende murmurer les vers du poëte épicurien, qui est bien le poëte de ces contrées heureuses :

> Fugerit invida
> Ætas ; carpe diem quam minimum credula postero.

Châteaubriant oublia un instant ses maux au milieu de cette atmosphère enivrante, dans la contemplation de cette lumière, de ces flots, de ces rivages dont l'image resplendissante devait embellir ses *Martyrs*. Puis, docile à la voix austère du devoir, il s'arracha violemment à l'influence alanguissante de ce séjour, et reprit le chemin de la France.

Châteaubriant rentra dans Paris vers la fin de janvier 1804. L'état des esprits avait bien changé depuis son départ. On était loin des ivresses et des enthousiasmes qui avaient salué les premiers jours du Consulat. La situation politique était devenue tendue et menaçante. L'air était chargé d'orages. Les royalistes, après avoir un instant cru trouver un nouveau Monk dans le vainqueur de Marengo, maintenant désabusés, semblaient avoir juré sa mort.

Les conspirations succédaient aux conspirations. Moreau, Pichegru et Cadoudal venaient d'être arrêtés. Bonaparte en proie à une fureur concentrée méditait une vengeance terrible. A la veille de partir pour le Valais, le 18 mars, Châteaubriant se rendit aux Tuileries pour prendre congé du premier Consul. Il ne pût reconnaître en lui le jeune héros de 1802, dont le front s'épanouissait si glorieux et si pur. Son visage était maintenant altéré et sombre, ses yeux lançaient des flammes sinistres ; tout son air avait quelque chose d'inquiet et de farouche : le lion était devenu tigre. Deux jours après (le 20 mars) éclatait dans Paris la nouvelle que le duc d'Enghein venait d'être fusillé dans les fossés de Vincennes. Le malheureux jeune prince enlevé sur le sol étranger avait été jugé sans être défendu, condamné et exécuté dans la même nuit, véritable assassinat politique qui frappa la France et l'Europe de stupeur. Bonaparte teint du sang des Bourbons donnait la main aux Conventionnels et faisait les premiers pas dans cette voie de l'arbitraire et du despotisme qui devait le conduire à l'abime. — Châteaubriant montra dans cette circonstance combien était puissant dans son âme le sentiment de l'honneur, combien était délicate et impressionnable cette fibre chevaleresque qui devait conserver à son attitude parmi ses contemporains tant de noblesse et de dignité. Il ne craignit pas de manifester son indignation au milieu du silence universel, et le jour même il envoya sa démission de ministre des affaires étrangères. Ses amis s'effrayèrent d'une pareille démarche. Tous, excepté Fontanes, se détournèrent de lui craignant la vengeance. M. de Talleyrand n'osa que quelques jours après mettre sous les yeux du premier Consul cette démission qui était un audacieux soufflet. Le coup retentit profondément au cœur de Napoléon, qu'une secrète sympathie entrainait vers l'auteur du *Génie du Christianisme*, et

qui eût été heureux de gagner à sa cause ce beau
talent et ce loyal caractère. Il dévora l'affront en silence, voulant opposer à la conduite de Châteaubriant une longanimité qui eût aussi sa grandeur.
Mais la séparation était complète et définitive, et
l'abime allait se creuser de plus en plus profond
entre l'homme du pouvoir et l'homme de la liberté.

Châteaubriant rendu à la vie privée s'en alla
chercher auprès de Chantilly une modeste et tran-
quille retraite. Là, pendant que Napoléon, devenu
empereur, éblouissait la France avec les pompes du
sacre et lui faisait oublier les excès de son pouvoir
en l'enivrant de gloire militaire, pendant que reten-
tissait le canon d'Austerlitz, d'Auerstadt et d'Iéna,
Châteaubriant partageait son existence paisible entre
l'étude et les joies domestiques auprès de l'excellente
Mme de Châteaubriant, dont il appréciait de plus en
plus l'esprit aimable et le cœur dévoué. Puis il reprenait le bâton du voyageur, il parcourait la France,
s'arrêtait à Vichy, où il prenait les eaux (été de
1805); à Clermont, où il évoquait les souvenirs séduisants de Brantôme et de Marguerite de Valois;
à Lyon, où il retrouvait son cher disciple M. Ballanche qui, associant à son exemple le génie moderne et le génie antique, devait mériter le titre de
Sophocle chrétien. Accompagné de cet ami dévoué,
le seul que la mort lui laissera jusqu'aux derniers

jours, il visitait la Grande-Chartreuse, Genève et le mont Blanc, où déjà le spectacle de la nature alpestre avec sa grandeur sauvage éveillait dans son cœur inquiet le désir de voir encore d'autres montagnes, les montagnes célèbres de la Grèce et de l'orient, après les monts inconnus du Nouveau-Monde. — A Paris, où il retrouvait les amitiés d'autrefois, les Joubert, les Fontanes, les Molé, il continuait ces douces relations qu'avaient fait naître la sympathie des âmes et l'amour des lettres. Mais cette vie paisible et monotone ne pouvait suffire à la nature de *René*, à cette âme tourmentée du besoin de l'infini, la maladie des grandes âmes surtout en ce siècle troublé. Les nobles esprits que ravit la vision de l'idéal ne peuvent s'accommoder aux réalités de l'heure présente. Nouveaux Prométhées, l'ennui est le vautour qui les ronge. C'était maintenant l'orient qui apparaissait à Châteaubriant dans ses rêves et était l'objet de ses aspirations. Depuis longtemps les idées de son *Génie du Christianisme* fécondées par les souvenirs de Rome fermentaient dans sa tête, travail précurseur d'une nouvelle et magnifique éclosion. Il avait dans le grand ouvrage de sa jeunesse posé les principes d'une poétique nouvelle, il avait proclamé la nécessité pour la France chrétienne d'une littérature chrétienne et nationale. Il songeait maintenant à faire lui-même l'application de ses doctrines, à fournir l'exemple après avoir dicté la leçon. Il voulait en célébrant la défaite du paganisme et le triomphe de la religion chrétienne dans le monde, faire éclater, avec l'excellence morale et civilisatrice de la religion nouvelle, sa supériorité poétique et littéraire. Il voulait présenter en une vaste épopée le tableau de la société antique qui s'écroule et de la société moderne qui naît et grandit, et faire entendre dans un magnifique combat de poésie la muse de la Grèce et la muse de Sion ; conception hardie et digne d'un génie créateur. Avant de se mettre à l'œuvre Châteaubriant jugea nécessaire de visiter les contrées qui avaient vu naître les deux civilisations rivales, d'aller s'inspirer au berceau même du paganisme et du christianisme ; et, nouveau pèlerin de l'art et de la foi, il partit pour la Grèce et les Lieux-Saints le 13 juillet 1806, poursuivant pacifiquement les erreurs de sa longue Odyssée pendant que le moderne Charlemagne traçait avec son épée sur les ruines de l'occident sa formidable Iliade.

Châteaubriant s'embarqua à Trieste dans les premiers jours du mois d'août 1806, et, après une navigation heureuse à travers l'Adriatique et la mer Ionienne, après avoir salué l'humble patrie d'Ulysse, il aborda aux rivages du Péloponèse. Il visita l'ancienne Pylos, les campagnes de la Messénie, l'Arcadie et le mont Ithôme, et vint demander Lacédémone aux bords de l'Eurotas.

Eurotas! Eurotas!

put-il s'écrier comme devait le faire plus tard Casimir Delavigne :

> Que font ces lauriers-roses
> Sur ton rivage en deuil par la mort habité ?
> Est-ce pour insulter à ta captivité
> Que ces nobles fleurs sont écloses ?

Au milieu de ces champs devenus déserts il cria : *Léonidas!* La mort et le silence seuls répondirent. Mais bientôt les Canaris et les Botzaris devaient entendre son appel. A Athènes, dans la patrie de Sophocle, d'Euripide et de Phidias, sur les débris du Parthénon, sous le ciel lumineux de l'Attique, en présence du Pirée et de cette mer dont les flots baignent les rives d'Ionie, lui apparut la pure et blanche image de Cymodocée. Parmi les colonnes brisées de ses temples la Grèce lui révélait sa beauté.

Puis Châteaubriant se tourna vers la terre sacrée de l'Orient, patrie vénérée de la religion, où Dieu a parlé à l'homme, où l'idéal même le Verbe s'est incarné. Il parcourut les déserts de la Syrie et les montagnes de la Judée, où semble retentir encore la voix des prophètes et les accents de l'Éternel, évoquant l'auguste image du Christ à Bethléem, sur les chemins de la Galilée, au Thabor, au Calvaire. Puis, lorsqu'il se fut abreuvé à ces sources divines de poésie et de beauté, il se détourna de cette terre *travaillée par les miracles*, de cette Palestine maintenant désolée qui est comme demeurée dans la stupeur depuis qu'elle a entendu la voix de l'homme-Dieu. D'autres contrées et d'autres ruines l'appelaient encore. Il visita Alexandrie et Memphis, les tombeaux gigantesques des Pharaons, le Sphinx et tous ces vestiges étranges d'une étrange civilisation, puis les ruines de Carthage dont il retrouvait à peine quelques traces ; puis Grenade avec ses souvenirs héroïques du temps des Maures et d'Isabelle, avec ses palais merveilleux du Généralife et de l'Alhambra où lui apparurent pour la première fois les séduisants fantômes de Blanca et d'Aben-Hamet. Là, sur ces confins de la civilisation arabe et de la civilisation chrétienne, se termina le poétique pèlerinage de Châteaubriant. Il regagna la France en traversant rapidement le reste de l'Espagne et rentra à Paris dans le courant du mois de juin 1807, après avoir ainsi parcouru toutes les belles contrées méditerranéennes. Il revenait chargé des plus riches dépouilles, grecques et orientales, mauresques et castillanes, l'imagination inondée de lumière et remplie des formes les plus pures de l'art. Il pouvait maintenant commencer son œuvre. Après deux années de labeurs persévérants, au fond de son ermitage de la Vallée-aux-Loups qui l'abrita contre les distractions du dehors et les atteintes du pouvoir, les *Martyrs* terminés purent enfin voir le jour (printemps 1809).

Cet ouvrage n'obtint pas dès l'abord l'accueil qu'était en droit d'espérer le grand écrivain après tout le soin qu'il y avait apporté. L'envie avait à prendre sa revanche des succès du *Génie du Christianisme*. Elle fit si bien qu'elle parvint cette fois à entraîner un soulèvement général de l'opinion. On cria au pastiche de l'antiquité; on accusa d'impiété cette introduction de la fiction poétique dans le domaine de la foi. Jusqu'à des évêques fulminèrent contre l'auteur du *Génie du Christianisme*. Châteaubriant s'émut de tant de clameurs et il eût douté de lui-même et de son œuvre, si Fontanes, le judicieux Fontanes dont l'amitié constante, malgré les périls, doit être le plus beau titre aux yeux de la postérité, n'eût été là pour relever son courage défaillant et lui répéter ce que Boileau disait à Racine après la chute de sa *Phèdre: ils y reviendront*. On y est revenu en effet, et *les Martyrs* ont fini par conquérir dans notre littérature la place glorieuse qu'ils méritaient.

Ce n'est pas à dire qu'à notre estime *les Martyrs* soient une œuvre sans défaut, une véritable épopée ainsi que l'entendait l'auteur. Nous ne saurions admettre cette production hybride, ce poëme-roman à figurer à côté des grands poëmes qui ont été un produit naturel et spontané des époques héroïques et religieuses ; nous ne saurions ranger *les Martyrs* sur la même ligne que l'*Iliade*, l'épopée antique, et la *Divine Comédie*, l'épopée moderne. Une œuvre écrite de nos jours dans cette forme ne peut être qu'une œuvre artificielle, et employer le merveilleux direct, faire intervenir le ciel et l'enfer, courait grand risque de paraître choquant sinon ridicule à l'esprit sceptique des contemporains. Il fallait laisser dans le vieil arsenal classique du genre toutes ces machines usées. — Eudore le héros du poëme, nous l'avouons encore, est loin de réunir toutes les qualités épiques, et grouper autour de ce personnage inconnu, enfanté par l'imagination, tant d'événements fameux, tant de grands hommes célébrés par l'histoire, c'était violer la règle fondamentale de toute bonne composition qui veut au centre la figure principale et dominante.

Mais ces imperfections que nous n'hésitons pas à reconnaître, que de beautés les rachètent ! C'est la grandeur des événements qui se déroulent en un tableau merveilleux où l'on voit tout un monde qui s'abîme, toute une nouvelle civilisation qui apparaît pleine de jeunesse et d'avenir, l'empire romain qui chancelle, les invasions des barbares dont le flot grossit et avance toujours. C'est la richesse et la variété des épisodes : Cymodocée et la Grèce, l'Italie et la grandeur romaine, les Césars et les intrigues de leur cour, Augustin, Jérôme et toute cette jeunesse fatiguée du doute et des voluptés païennes, Hiéroclès et les derniers sophistes, les catacombes et les premiers chrétiens, l'Orient et les anachrorètes, Velléda et les druides de l'Armorique, les forêts de la Germanie et les guerriers francks. C'est la vigueur et l'énergie en même temps que la diversité des portraits politiques : Dioclétien, le pâtre dalmate devenu empereur, qui s'efforce de rendre quelque vie à la société païenne qui se meurt ; Maximien et Galerius tyrans subalternes ; Constance et Constantin, l'espoir de la civilisation nouvelle. C'est dans l'expression des sentiments et la peinture des passions, tantôt l'éloquence la plus enflammée, tantôt la pure suavité des tendresses ineffables opposant aux orages des amours païens l'heureuse sérénité des affections chrétiennes. C'est enfin la beauté de la forme et du style. La langue des *Martyrs* harmonieuse et colorée comme celle du *Génie du Christianisme* est plus sobre, plus correcte, plus classique en un mot, ce n'est plus le premier flot d'une imagination exubérante reflétant les luxuriantes richesses d'une nature vierge et inconnue. Le courant est devenu plus limpide, la phrase a dépouillé les ornements exagérés. Des contours plus précis, des lignes plus pures et plus sévères attestent partout l'influence du génie antique, et de la beauté grecque et romaine.

Le Génie du Christianisme ayant déterminé une révolution dans la langue et dans les idées, demeure l'œuvre capitale de Châteaubriant ; *les Martyrs* seront toujours son œuvre de style et d'art par excellence.

Aujourd'hui, nous trouvons bien futiles et misérables les querelles soulevées autour d'une œuvre aussi considérable et inspirée par un aussi pur amour du beau, quand nous la comparons aux infimes productions de nos jours. Ces obstacles éphémères suscités par l'envie et les susceptibilités d'un gouvernement ombrageux qui se sentait atteint par quelque allusion courageuse ne pouvaient arrêter *les Martyrs*. Il y avait là quelque chose de trop conforme à l'état moral du temps et qui en faisait trop bien vibrer les fibres. Notre siècle s'y retrouvait tout entier avec ses propres sentiments, avec ses douleurs, avec ses aspirations, au lendemain d'une révolution qui, comme celle des temps de Dioclétien et de Constantin, avait profondément bouleversé les âmes. En voie de redevenir chrétien par l'esprit, il était encore païen par le cœur, ce siècle qui avait fait ses débuts au lendemain des saturnales du Directoire, quand régnaient dans les arts et dans les mœurs les tendances personnifiées par David, Parny et AndréChénier. Une œuvre comme *les Martyrs*, mettant en conflit les sentiments chrétiens et les sentiments païens, faisant entendre la voix séduisante des passions et de la volupté à côté des accents douloureux du repentir et de la pénitence, ne pouvait manquer de trouver un écho puissant dans les âmes contemporaines où les doctrines du christianisme renaissant en lutte avec une morale encore païenne produisaient de semblables déchirements et de semblables combats.

Châteaubriant se releva promptement de son premier échec. Dès l'année suivante, il publia une œuvre nouvelle qui, celle-là, réunit tous les suffrages. Après avoir montré dans *les Martyrs* la Grèce et l'Orient transfigurés par son imagination de poëte, il traçait le tableau réel, exact, tout cru, de ces malheureuses contrées où règne l'islam, sous l'aspect désolé qui avait attristé ses regards en 1806. C'était après le chant du barde le simple récit du voyageur. La narration en style *pédestre* de l'*Itinéraire* faisant ressortir la puissance créatrice qui venait de produire *les Martyrs* révélait le talent de Châteaubriant sous un nouvel aspect, elle en manifestait toute la souplesse et la variété et pouvait déjà faire pressentir avec quelle facilité il pourrait se plier à des genres plus sérieux et s'attacher à une muse plus austère ; déjà s'annonçaient le publiciste et l'historien.

Les traits saisissants sous lesquels il dépeignait

l'état misérable de la Grèce sous la domination des Turcs qu'il montrait acharnés à lui enlever les derniers restes de sa religion et de sa nationalité, éveillèrent la sollicitude de l'Occident pour ce peuple infortuné. Châteaubriant doit être considéré comme le premier champion de cette noble cause pour laquelle il devait plus tard faire entendre encore sa voix éloquente et passionner toute une génération enthousiaste et généreuse.

Mais *les Martyrs* et l'*Itinéraire* ne furent pas les seuls ouvrages composés par l'illustre écrivain à la suite de son voyage en Orient. Son imagination fécondée par ses souvenirs ne pouvait manquer, à la faveur des loisirs que lui faisait son exil volontaire au fond de la Vallée-aux-Loups, de produire des fruits brillants et nombreux. Il en existe un encore qui attire moins les regards que *les Martyrs* et l'*Itinéraire*, mais qui n'a pas moins de saveur et de parfum. Ce n'est pas un grand poëme, ce ne sont plus de longs récits de voyage, ce n'est qu'un modeste roman de chevalerie. *Le Dernier des Abencerrages* nous semble de toutes les œuvres de Châteaubriant celle où il a mis le plus de lui-même, celle où l'on peut dire qu'il respire tout entier avec la générosité de son âme et l'élévation de ses sentiments, véritable bouquet composé de ces belles fleurs chevaleresques, la galanterie, la loyauté et l'honneur. Blanca est la fille du *Cid* et elle est digne de Chimène. Aben-Hamet, le dernier descendant des anciens rois de Grenade, guerrier au cœur ardent et fier, est bien fait pour s'unir à la race héroïque du vainqueur des Maures. Mais la foi et l'honneur protestent contre le penchant mutuel de leurs âmes; la foi et l'honneur triompheront de l'amour. Le vif et brillant Lautrec, charmant représentant de la gentille France, le sombre et fanatique Carlos avec Grenade, le Généralife, l'Alhambra, et les souvenirs mauresques, complètent le tableau, et par le relief du trait, par l'énergie de l'expression, par la vivacité des couleurs, y produisent des contrastes éclatants et vigoureux dignes du pinceau de Velasquez, et auxquels prêtent un nouveau charme ces vagues tristesses que l'on éprouve au spectacle de l'instabilité des choses humaines, cette mélancolie des ruines que sait si bien rendre l'auteur de *René*.

Le Dernier des Abencerrages, comme *les Martyrs*, venait à l'appui de la grande thèse de Châteaubriant et fournissait encore une démonstration saisissante de la transformation morale opérée par le christianisme : production animée d'un souffle tout chrétien et moderne.

Écrite peu de temps après *l'Itinéraire*, cette nouvelle ne put voir le jour que sous la Restauration. Napoléon au plus fort de sa lutte avec l'Espagne n'eût pas toléré la publication d'un ouvrage où éclatait à chaque page l'admiration pour le peuple espagnol, pour le caractère espagnol, pour cette indomptable énergie dont toute sa puissance et son génie ne pouvaient venir à bout. Il fallut attendre des temps meilleurs.

Au *Dernier Abencerrage* nous pouvons considérer comme terminée la première partie de la carrière de Châteaubriant, cette période purement littéraire de sa vie que nous venons de parcourir et que remplissent tant de beaux monuments parmi lesquels dominent *le Génie du Christianisme*, son grand travail doctrinal, et *les Martyrs*, sa grande œuvre d'art ; brillante période bien digne d'être admirée de la postérité ; noble jeunesse dont rien, nous l'avons vu, ne put rabaisser le puissant essor vers l'idéal, ni les inquiétudes et les doutes de l'esprit, ni les orages du cœur, ni les difficultés de la vie. Châteaubriant dès le commencement se montra ce qu'il devait être jusqu'à la fin, inaccessible aux passions infimes, à l'âpre soif de l'or, à l'entraînement des succès faciles, nous donnant ainsi un magnifique exemple de désintéressement dans la recherche du beau et de dignité dans la culture des lettres.

II.

A mesure que la vie s'écoule les années en s'accumulant modifient et transforment en même temps que nos organes, nos goûts, nos passions, nos facultés. Châteaubriant parvenu à cet âge où l'imagination se décolore et cède le pas à la raison mûrie, où notre intelligence moins préoccupée du beau se tourne vers le vrai et l'utile, où dans notre cœur l'amour fait place à l'ambition, éprouva lui aussi le besoin de donner à sa vie un caractère plus sérieux, à ses facultés devenues plus vigoureuses un emploi plus viril et plus directement profitable à l'humanité. Pendant que Goëthe le grand égoïste descendu des régions de l'idéal s'absorbait dans la nature, Châteaubriant se tournait vers les hommes et s'appliquait à l'étude des sciences morales qui ont pour objet l'amélioration des individus et le perfectionnement des sociétés. La religion et l'art avaient présidé aux travaux de sa jeunesse. C'est maintenant vers la liberté que se portent ses regards. C'est à cette noble cause qu'il veut consacrer ce que la nature lui a départi de talents et ce que la vie lui a apporté d'expérience. Les lettres marcheront désormais à la suite de la politique.

La liberté, Châteaubriant l'avait toujours aimée d'un ardent amour depuis qu'elle lui était apparue brillante de jeunesse et d'avenir à la lisière des forêts américaines, antique et vénérable sous les voûtes de Westminster. Bien des fois déjà il avait combattu et souffert pour elle depuis le jour de sanglante mémoire où le meurtre du duc d'Enghien lui avait révélé dans Bonaparte un tyran. Il n'avait pas craint à son retour de la Terre-Sainte, au milieu de l'adulation universelle d'élever la voix en faveur des droits de l'humanité et de publier dans le *Mercure*, dont il était devenu propriétaire, l'article demeuré fameux qui commençait par ces mots : « lorsque dans le silence de l'abjection.... » Noble protestation qui tombant au milieu de la prospérité de l'Empire quand tous se tenaient courbés et muets, eut un immense retentissement. Le *Mercure* fut supprimé ; ordre fut donné d'arrêter Châteaubriant qui se vit réduit à prendre la fuite et à cacher son existence au fond de la Vallée-aux-Loups. Mais son appel avait été entendu de toutes les nobles âmes qui n'avaient pas encore abdiqué. Les Lafayette, les Mme de Staël, les Benjamin Constant, les Lanjuinais s'étaient serrés autour de lui et avaient continué la lutte malgré les périls, conservant à la France cette part précieuse de l'héritage de 89 dont elle avait été dépouillée et qui devait la consoler dans les jours de malheur.

Napoléon avait cependant de fréquents retours vers son grand adversaire : il ne pouvait renoncer à l'idée de l'attirer à lui et de le faire entrer dans le cortége des muses d'État. Il eût voulu le placer à la tête de la littérature qu'il entendait plier à ses volontés et faire servir aux desseins de sa politique. Un fauteuil étant devenu vacant à l'Académie par la mort de Joseph Chénier (1811), il y fit appeler l'auteur du *Génie du Christianisme*. Il fut même sur le point de créer pour lui un emploi nouveau et de le nommer surintendant de toutes les bibliothèques de l'Empire. Mais tout était inutile. Châteaubriant se dérobait toujours impatient de tout joug et de toute direction. Son discours de réception à l'Académie Française où faisant l'éloge de Chénier il exaltait la vraie liberté et flétrissait les tyrannies révolutionnaires, demeure comme un monument de l'indépendance courageuse de ses opinions. Ayant refusé d'y apporter les changements réclamés par le pouvoir, il ne put le prononcer et son fauteuil demeura vide jusqu'à la Restauration.

Mais ces luttes politiques jusqu'à l'époque où nous sommes parvenus n'avaient été qu'accidentelles dans la vie de Châteaubriant où les voyages et travaux littéraires tenaient la plus grande place. Désormais il veut se consacrer tout entier à son pays et diriger tous les efforts de son intelligence vers l'entente des choses publiques. 1812 va sonner. Plus d'un présage sinistre semble annoncer pour un avenir peu éloigné de grandes catastrophes. La carrière ne peut pas tarder à s'ouvrir : il faut se tenir prêt.

L'excès de la compression qui étouffait à l'intérieur l'opinion publique et l'exagération du système de conquêtes à l'extérieur préparaient des réactions violentes et inévitables. La guerre d'Espagne se perpétuait livrant à l'Angleterre un accès vers nos frontières, et quand toutes nos forces étaient nécessaires pour mettre un terme à cette guerre funeste, quand nous avions à contenir tant de peuples ennemis depuis l'Èbre jusqu'au Niémen, Napoléon songeait encore à mettre la Russie sous ses pieds. Pendant qu'entraîné par la fatalité, il se précipite dans cette entreprise gigantesque qui doit aboutir à une épouvantable ruine, Châteaubriant se tient à l'écart ; il suit en silence le cours des événements et prévoyant leur issue, il se prépare par le travail, par l'étude de notre histoire, à venir en temps opportun apporter au gouvernement de son pays un concours utile et puissant.

D'abord arrivaient du fond de la Russie des récits de succès et de triomphes fabuleux. On avançait, on avançait toujours. Wilna, Witebsk, Smolensk tombaient successivement dans nos mains, et après la terrible bataille de la Moskowa nous entrions dans la ville sainte de toutes les Russies, dans l'antique Moskou. Puis... plus de nouvelles... un silence effrayant... Puis, après les angoisses de l'attente, on recevait ce vingt-neuvième bulletin de lugubre mémoire qui annonçait l'immense désastre : la grande-armée était couchée sous la neige depuis Moscou jusqu'à Wilna. Alors éclatait le soulèvement des peuples et des rois trop longtemps comprimés sous la main de fer du conquérant. Les nations revendiquaient leur indépendance dans ce mouvement de 1813 glorieux pour l'Allemagne et pour nous funeste. A Lutzen, à Bautzen, à Dresde, la victoire souriait encore à nos drapeaux, mais du pâle sourire des adieux. Écrasés par le nombre à Leipzig, il nous fallait repasser le Rhin ; et sur nos pas s'avançait toute l'Europe ameutée pour la vengeance.

Pendant les sanglantes péripéties du grand drame de 1814, pendant que Napoléon aux abois frappait les coups terribles de Brienne, de Montmirail, de Montereau, de Craonne, Châteaubriant au bruit de la canonnade qui, tantôt se rapprochait, tantôt s'éloignait suivant les alternatives de la lutte, écrivait sa brochure de *Buonaparte et les Bourbons*. Saisi par la police, il eût été fusillé ; mais il était au-dessus de ces terreurs. Et, d'ailleurs, les circonstances l'enflammaient. La catastrophe devenait inévitable. Châteaubriant sentait qu'il fallait dans ce grand naufrage offrir à la France un moyen de salut. Et il n'en voyait que dans la restauration de la race de nos rois, de cette race vénérable qui, descendant par ses origines jusqu'aux entrailles de notre histoire, devait faire reculer devant son antique majesté l'étranger et ses convoitises, et offrir le fondement le plus solide à des institutions libérales.

Le 31 mars, après trois mois d'une lutte héroïque et gigantesque, les destins de Napoléon étaient accomplis. Les alliés entraient dans la capitale de la France. Qu'allaient-ils faire de cette France, de cette France qui n'avait pas été vaincue, car elle n'avait pas combattu; Napoléon s'était séparé d'elle en n'écoutant que son ambition. Qu'en allaient-ils faire de cette France ? La partager, comme le réclamait la fureur des Prussiens ? Opération dangereuse. Elle se fût réveillée. Mais quel gouvernement lui donner ? La République ? On se souvenait trop de 93. Restait le roi de Rome avec la Régence, ou bien les Bourbons. Les Bourbons semblaient bien surannés, bien oubliés. Alexandre penchait vers la Régence. M. de Talleyrand intriguait ; pour quelle cause ? On ne le savait trop. Châteaubriant pensa que c'était le moment de lancer sa brochure.

Ce réquisitoire virulent et passionné contre la tyrannie de Bonaparte, ce sombre tableau de tous les maux que l'empire avait déchaînés sur la France, gravé en traits dignes de Tacite, obtint un succès prodigieux et produisit un effet immense. Le souffle d'indignation qui courait d'un bout à l'autre emporta toutes les âmes. Après les cruels souvenirs des dernières années, en face du régime odieux de la conscription, du blocus continental et des guerres sans fin, Châteaubriant présentait, dans une heureuse opposition, tous les bienfaits que la France devait à ses rois légitimes. Il disait le génie et les vertus de saint Louis, l'héroïsme populaire d'Henri IV, la bonté et les malheurs de Louis XVI et les infortunes de sa race proscrite qui, maintenant, revenait de l'exil avec la sagesse, fruit de l'expérience, et l'entier oubli du passé dans l'ivresse et le bonheur du retour. Venait ensuite le portrait des augustes membres de de la royale famille : c'était l'affabilité majestueuse de Louis XVIII, la courtoisie chevaleresque du comte d'Artois, la sainte tristesse de la prisonnière du Temple..... nobles accents qui remuaient tous les cœurs. La France se retourna avec attendrissement vers l'antique famille tant éprouvée par la fortune. La cause des Bourbons était gagnée; et Louis XVIII put dire que la brochure *de M. de Châteaubriant lui avait plus servi que cent mille hommes*. La violence du coup arracha un dernier gémissement au lion blessé de Fontainebleau, qui n'hésita plus à envoyer son abdication et à prendre le chemin de l'exil.

Plus tard, dans les luttes passionnées des partis, on a reproché à Châteaubriant la violence de son attaque contre Napoléon vaincu. On a voulu trouver en défaut dans cette circonstance la générosité accoutumée de son caractère, et attacher à sa conduite l'odieux qui suit l'outrage fait au malheur. Vaine tentative qui n'a pu donner le change. La conduite de Châteaubriant fut ce qu'elle devait être, conforme au rôle d'opposition qui avait été le sien pendant que l'empire était debout et que les persécutions pouvaient l'atteindre. Ce ne fut pas gratuitement pour se donner le misérable plaisir d'insulter un ennemi terrassé qu'il éleva la voix contre Napoléon. Il le fit dans l'intérêt de la France et de la cause de ses rois qui avait toujours été sa cause et dont il assurait ainsi le triomphe. Que l'on réserve le mépris pour les hommes trop nombreux qui le méritèrent alors, pour ces auteurs de la déclaration du 2 avril, ces vils sénateurs qui proclamèrent avec les plus sanglantes récriminations la déchéance de celui qui les avait comblés d'honneurs et devant lequel ils avaient toujours tremblé. Mais que l'on soit juste pour ceux qui durant ces jours malheureux ne firent que continuer une lutte commencée contre l'empereur tout puissant.

L'année 1814 s'écoula pour Châteaubriant pénible et laborieuse. Il ne suffisait pas d'avoir remis le sceptre aux mains des Bourbons. Il fallait les faire agréer de la nation et faire tomber tant de préventions accréditées contre eux depuis vingt-cinq ans. Il fallait faire entendre à la royauté elle-même de sages conseils, l'arrêter sur la pente des réactions funestes, où ne manquerait pas de la pousser le zèle aveugle d'amis imprudents ou intéressés. Il fallait lui faire comprendre les temps nouveaux et les nécessités nouvelles, tâche bien délicate et périlleuse devant laquelle cependant Châteaubriant ne recula pas. Après avoir raconté en des pages émues l'arrivée du roi à Compiègne, disant la bonté d'âme et l'affabilité de ce fils de saint Louis, et rassurant tous les intérêts par le tableau du cordial accueil fait aux serviteurs de l'empire, le grand écrivain, dans ses *Réflexions politiques*, exposa les conditions que devait maintenant subir le pouvoir royal et traça les règles fondamentales de la monarchie représentative. Il comprenait que l'établissement de la liberté pouvait seul rendre quelque prestige à la dynastie restaurée et combler le vide immense laissé dans le monde par le génie de Napoléon. Mais ses conseils étaient peu goûtés, son zèle à défendre les principes constitutionnels déplaisait; et peut-être aurait-il vu ses services tous récents encore, récompensés par la disgrâce, si Mme de Duras n'eût été là, Mme la duchesse de Duras, femme supérieure, qui fut sa providence pendant trop peu de jours, hélas! en ces débuts de la Restauration.

Châteaubriant venait d'obtenir par l'entremise de son illustre protectrice l'ambassade de Suède, où l'on n'était pas fâché, du reste, d'envoyer un conseiller qui devenait incommode, lorsque tomba soudainement dans Paris la nouvelle du débarquement de l'île d'Elbe. Du sein de la Méditerranée, Napoléon avait entendu les bruits de la terre; il avait entendu les sourds mécontentements, les regrets étouffés qui avaient bientôt succédé aux premiers enthousiasmes, toutes les difficultés auxquelles se heurtait la royauté nouvelle, les colères soulevées par les tendances contre-révolutionnaires de l'émigration, les ardentes aspirations de l'armée blessée dans ses intérêts et ses plus chers souvenirs; et croyant l'heure venue, il avait repris son vol d'aigle. Dessein funeste, retour désastreux qui allait précipiter la France jusqu'au fond de l'abîme. Grand fut à cette nouvelle le désarroi de tous les dévouements que la fortune avait ralliés aux Bourbons et qui, ne se prosternant que devant le succès, ne savaient plus de quel côté porter leurs hommages. Si notre âme se détourne avec dégoût de toutes ces défaillances, de toutes ces apostasies qui scandalisèrent la conscience humaine en ces tristes jours, elle se sent reposée et comme rassérénée par le spectacle de la fidélité inébranlable de Châteaubriant à la cause de ses rois qu'il regardait aussi comme la cause de la liberté. D'accord avec Lafayette, avec Lainé et Marmont, il conseilla de s'enfermer dans Paris et de s'y défendre avec la garde nationale et la jeunesse des écoles qui offraient leur concours. Le Roi aima mieux se retirer, s'abandonnant lui-même et abandonnant la France à sa triste destinée.

Appelé à Gand auprès de Louis XVIII, Châteaubriant durant les Cent Jours eut place en son Conseil en qualité de ministre de l'intérieur. La faveur et les dignités vinrent au devant de lui dans cette Cour de l'exil. L'on appréciait dans le malheur son mérite et ses services. L'on avait besoin de recourir encore à sa plume éloquente. Son rapport adressé au Roi dans le *Moniteur de Gand*, posait de nouveau les vrais principes de la monarchie constitutionnelle et proclamait en face de la coalition qui se reformait, le patriotisme de Louis XVIII et son propre patriotisme : « Sire, lui disait-il, nous partageons votre royale tristesse. Il n'y a pas un de vos conseillers et de vos ministres qui ne donnât sa vie pour prévenir l'invasion de la France... Sire, vous êtes français, nous sommes français... » Ces chaleureux et patriotiques accents retentissaient au cœur de la France et reportaient ses regards effrayés par les orages qui s'amoncelaient, vers la royauté exilée.

Après la catastrophe de Waterloo, pendant que Napoléon vaincu et repoussé de ceux qui l'avaient acclamé naguère, s'en allait, victime de la mauvaise foi britannique, terminer si tristement sa grande destinée sur l'âpre rocher qui devait être sa tombe, l'antique monarchie reprenait lentement le chemin de la capitale au milieu des calamités de la patrie, contractant, hélas! dans son contact avec l'invasion étrangère le vice originel qui devait lui être si fatal. Qui pourrait dire toutes les peines que se donna Châteaubriant pour détruire ces affinités malheureuses et faire prendre dès lors à la royauté une attitude digne et française. Appelé à siéger à la nouvelle chambre des pairs, il soutint et encouragea les nobles efforts de M. le duc de Richelieu chargé comme premier ministre de guérir les plaies de la France. Dignité nationale et liberté par la monarchie, fut la devise qu'il inscrivit sur son drapeau : le roi et la charte, deux nobles causes auxquelles il devait se dévouer tout entier tantôt penchant vers l'une, tantôt inclinant vers l'autre suivant que l'une ou l'autre lui paraîtrait plus menacée.

Emporté par la violence du courant réactionnaire durant les jours malheureux de 1815, Châteaubriant, nous devons l'avouer, ne put se dérober complétement à l'influence des passions soulevées autour de lui. La catastrophe du 20 mars avait exaspéré les ultra-royalistes. Pour toutes les victimes de la Révolution il semblait que ce devait être maintenant l'heure de la vengeance et des réparations. Châteaubriant se laissa un instant entraîner à leurs colères. Reçu en audience par Louis XVIII à son retour d'Orléans où il était allé présider le collége électoral du Loiret, il eut le tort d'adresser au roi des félicitations au sujet de la condamnation du maréchal Ney. Il eut le tort aussi à la chambre des Pairs de s'attaquer à l'inamovibilité de la magistrature, cette unique garantie des droits et de la vie des citoyens surtout au milieu des crises politiques. Mais qui ne se trompa en ces jours troublés? Qui put conserver assez de calme et d'empire sur soi pour démêler les véritables exigences du droit et de la justice et pour écouter les inspirations de la clémence, quand le désordre était dans tous les esprits et la passion dans tous les cœurs! Ce moment d'entraînement et d'oubli est d'ailleurs bien racheté par la noble attitude que sut prendre Châteaubriant en face de l'invasion étrangère. C'était en 1816, quand Wellington à la tête de cent cinquante mille baïonnettes occupait encore le territoire de la France. On discutait à la chambre des Pairs sur la validité des élections. Un orateur s'était permis d'invoquer l'effet que produirait le vote de la chambre sur les cours alliées. « Je ne relève pas, répondit Châteaubriant, ce qu'on a dit de l'Europe attentive à nos discussions. Quant à moi, Messieurs, je dois sans doute au sang français qui coule dans mes veines cette impatience que j'éprouve quand pour déterminer mon suffrage on me parle des opinions placées hors ma patrie; et si l'Europe civilisée voulait m'imposer la charte, j'irais vivre à Constantinople! » Fiers et généreux accents, comme ils devaient retentir au cœur de la France humiliée et faire vibrer la fibre nationale! Châteaubriant se révélait avec une puissance de plus, il avait le don de l'éloquence; il avait cette éloquence qu'inspirent et animent un suprême instinct de l'honneur, l'amour de la patrie et de la liberté, toutes les nobles passions de l'âme; véritable éloquence de gentilhomme et de grand citoyen.

En cette même année 1816 affligé de voir combien la France était encore ignorante des principes constitutionnels, combien le jeu régulier des institutions y rencontrait d'obstacles et d'entraves, combien les habitudes du despotisme y étaient persistantes dans l'administration, Châteaubriant avait de nouveau recours à sa vaillante plume. Il entreprenait de répandre la lumière sur les questions les plus importantes du droit politique et de populariser la science de la liberté; et il écrivait son livre de la *Monarchie selon la charte*: travail dont le succès devait le placer au premier rang parmi les publicistes contemporains.

Dans une première partie que nous pouvons appeler dogmatique, l'auteur s'élevant au-dessus des passions du jour dans la région des principes, donnait toute la théorie du gouvernement constitutionnel. Le jeu compliqué de nos institutions y était expliqué avec une puissance de déduction, une autorité d'enseignement tout à fait inattendues. Tous ces grands principes de la monarchie représentative : *le roi règne et ne gouverne pas ;* deux chambres *représentent le pays, une chambre héréditaire et une chambre élective ;* les ministres pris dans la *majorité des chambres sont responsables ;* la *presse est libre,* tous ces principes fondamentaux, Châteaubriant les posait et les développait avec une netteté, une précision, une force auxquelles n'avaient pas accoutumé ses œuvres littéraires. Peut-être appuyait-il avec trop d'insistance en face de la société nouvelle sortie de la Révolution et ayant la passion de l'égalité, sur la nécessité d'accroître les prérogatives de la chambre des Pairs et de rétablir les substitutions. Il s'agissait d'un rouage essentiel, d'un élément conservateur indispensable à la stabilité des institutions constitutionnelles, je le veux. Mais l'opinion était alors si ombrageuse, et si disposée à s'alarmer sur les projets contre-révolutionnaires des royalistes ; elle avait besoin de ménagements. Parler de substitutions était au moins inopportun. Châteaubriant faisait oublier ces tendances que l'on devait qualifier de féodales par la générosité et la vigueur avec lesquelles il réclamait la liberté de la presse, la suppression du ministère de la police générale, la participation des chambres à l'initiative des lois, en un mot tout ce qui peut garantir la libre manifestation de l'opinion publique et aider à sa légitime influence sur la marche du gouvernement.

Sans dépouiller l'éclat et la richesse d'autrefois, son style était devenu plus rapide, plus serré, plus énergique, avec plus de relief et de chaleur concentrée ; aux grâces de la jeunesse succédait la force de l'âge mûr : transformation qui émerveillait l'abbé Morellet lui-même. Châteaubriant venait de créer la langue politique comme il avait créé la langue littéraire du siècle, et méritait de prendre place à côté du grave Royer-Collard, après les Fénelon, les Montesquieu, les Mirabeau et les Siéyès, au nombre des pères du véritable libéralisme.

La deuxième partie de la *Monarchie selon la charte* était toute polémique. Châteaubriant descendant des hauteurs de la théorie s'en prenait aux faits. Il examinait la marche suivie par les différents ministères qui s'étaient succédé depuis 1814 et montrait avec combien peu de franchise et d'habileté ils avaient pratiqué la charte. Il s'attaquait surtout au ministère Decazes, actuellement au pouvoir, lui reprochant de compromettre la dynastie par ses complaisances vis-à-vis des hommes et des choses de la Révolution. Châteaubriant écrivait sous l'influence des passions qui avaient dominé à la chambre *introuvable* et se faisait l'interprète des ressentiments des ultra-royalistes qui ne pouvaient pardonner à M. Decazes *l'ordonnance du 5 septembre* (dissolution de la chambre de 1815), mesure pourtant si politique et qui mettait la Restauration dans sa véritable voie. L'illustre publiciste n'appréciait pas encore, comme il devait le faire plus tard, les nécessités du moment et les difficultés auxquelles se heurtait l'administration. Mais si la Révolution trouvait en lui en cette première phase de sa vie publique un ennemi passionné, la liberté n'avait pas de plus sincère ni de plus éloquent défenseur. Qu'on relise le magnifique éloge des libres institutions qui couronne son travail, célébrant avec un véritable enthousiasme la dignité et l'élévation morale que les hommes acquerront sous le régime constitutionnel. « Aujourd'hui, s'écrie-t-il, les mâles occupations qui remplissaient l'existence d'un Romain et qui rendent la carrière d'un Anglais si belle, s'offriront à nous de toutes parts. Nous ne perdrons plus le milieu et la fin de notre vie; nous serons des hommes quand nous aurons cessé d'être des jeunes gens. Nous nous consolerons de n'avoir plus les illusions du premier âge en cherchant à devenir des citoyens illustres : on n'a rien à craindre du temps quand on peut être rajeuni par la gloire. »

M. Decazes se vengea de l'attaque dont il était l'objet en faisant saisir l'ouvrage de Châteaubriant et en le destituant lui-même de ses fonctions de ministre d'État. Il voulait par là donner un nouveau gage au parti de la Révolution et rassurer tous les intérêts. Mais il était cruel de traiter ainsi l'auteur de *Buonaparte et les Bourbons*, celui qui, au péril de sa tête, avait assuré le succès de la première Restauration. Dès lors son rôle dans l'opposition royaliste devint plus tranché, son attitude plus accentuée; il marcha au premier rang. La lutte que Châteaubriant soutint à côté de MM. Corbière et de Villèle est demeurée célèbre. A la chambre des Pairs, dans les journaux, dans une foule d'écrits, la vigueur de ses attaques ne laissa aucune trêve à l'administration. En 1818 il fondait le *Conservateur* en collaboration avec MM. de Bonald et Lamennais. C'est dans cette publication d'élite, digne rivale de la *Minerve* de M. Etienne et de Benjamin Constant, que son talent de polémiste et de pamphlétaire se déploya tout entier avec cette verve entraînante, cette force du trait, ce puissant ressort des indignations généreuses qui ébranlent et soulèvent l'opinion publique. Grâce au concours de ces plumes éloquentes, à côté desquelles venaient s'essayer les plus beaux noms de l'aristocratie, le *Conservateur* obtint un succès immense en France et en Europe ; il releva les royalistes aux yeux de l'étranger et finit par déplacer la majorité dans les chambres. Le vieux roi s'entêtait quand même à garder son favori le duc Decazes dont il aimait l'esprit caustique, le caractère souple et conciliant, et dont il appelait le système politique *son système*. Dans sa sagesse il redoutait le zèle exagéré des royalistes et les passions contre-révolutionnaires de cette brillante aristocratie qui marchait à leur tête. Mais survint l'assassinat du duc de Berry. Louis XVIII dut céder au cri de sa famille et de son entourage.

Ce fatal événement devait avoir les plus tristes conséquences pour la liberté et pour la dynastie. Ce fut le point de départ de ce mouvement de réaction qui en éloignant de plus en plus le gouvernement de la nation, devait amener la catastrophe finale. Le noble duc de Richelieu, l'illustre négociateur de 1815 et de 1816, fut appelé à reconstituer la nouvelle administration ; mais il allait être bientôt trouvé trop modéré par les passions qui l'avaient porté au pouvoir. MM. Corbière et de Villèle, chefs de l'opposition dans l'assemblée élective, devaient naturellement faire partie du nouveau cabinet ; ils n'y obtinrent d'abord qu'un rang secondaire, comme ministres sans portefeuille. Ce n'était pas assez pour leur ambition ; disposant de la majorité à la chambre des Députés, ils ne pouvaient tarder à emporter tout le pouvoir. M. de Châteaubriant allait-il prendre place à côté de ses amis et déployer enfin dans une sphère digne d'elle sa haute intelligence, dont les admirables facultés venaient de se révéler dans la lutte, aptes à tout, à la diplomatie, à l'administration, aux finances même? On redoutait la sincérité et la droiture de son caractère chevaleresque, et la loyauté de son libéralisme. On s'en débarrassa en l'envoyant dans un brillant exil. Châteaubriant fut nommé à l'ambassade de Berlin.

Mais au milieu des fêtes splendides et vraiment royales que l'on prodigua en Prusse à sa haute renommée, Châteaubriant ne se laissa pas éblouir ; il ne cessa de reporter ses regards vers la France, suivant attentivement la marche de ses amis dans la conduite des affaires, ne leur épargnant pas les sages avertissements, recommandant à l'intérieur l'abolition des lois d'exception, la pratique franche et loyale du gouvernement constitutionnel, et à l'extérieur une attitude digne et française. Préoccupé surtout du rétablissement de la gloire de nos armes, il voulait que l'on profitât des troubles qui venaient d'éclater en Piémont pour faire échec à l'influence autrichienne dans la Péninsule, et que l'on envoyât vingt-cinq mille hommes en Savoie. Il n'était pas non plus indifférent à ce qui se passait autour de lui ; il étudiait l'état des esprits et la marche des idées en Allemagne, où fermentaient de plus en plus les germes déposés par nos armées révolutionnaires et développés par le grand mouvement de 1813. Il nous dévoilait cet état moral des contrées d'Outre-Rhin dans un mémoire remarquable et pour ainsi dire prophétique. « L'Allemagne comme l'Italie, disait-il, désire l'unité politique ; et avec cette idée qui restera dormante plus ou moins de temps, selon les événements et les hommes, on pourra toujours en la réveillant être sûr de remuer les peuples germaniques. » Ces lignes étaient écrites en 1821.

De retour à Paris pour le baptême du duc de Bordeaux, Châteaubriant fut à cette occasion réintégré dans sa place de ministre d'État par M. le duc de Richelieu. Mais il dut bientôt envoyer sa démission pour suivre MM. de Villèle et Corbière dans la retraite, manœuvre qu'il avait conseillée et qui devait les ramener tout-puissants aux affaires. Les élections d'octobre 1821 ayant encore fortifié leur parti à la chambre des Députés, et l'adresse ayant infligé un blâme au Gouvernement pour sa politique extérieure, surtout pour son attitude passive en face des révolutions d'Italie, Louis XVIII se vit obligé de renvoyer M. de Richelieu et d'appeler M. de Villèle à recomposer un nouveau cabinet. M. de Villèle prit pour lui les finances, M. Corbière eut l'intérieur. Châteaubriant tenu encore éloigné du Conseil dut reprendre le rôle de représentant de la France qui lui allait si bien, et remplacer M. le duc Decazes à l'ambassade de Londres.

Ce ne fut pas sans une vive émotion, sans un profond attendrissement, qu'il revit, magnifique ambassadeur, les lieux qui avaient abrité son exil et où avait souffert sa jeunesse. Que de changements de fortune, que de vicissitudes dans sa vie! L'image de Charlotte Ives revint lui sourire au milieu de ses graves préoccupations d'homme d'État. Charlotte lui apparut elle-même en sombre costume de veuve, lui amenant deux jeunes fils qu'elle mettait sous sa protection. Ce fut pour Châteaubriant, au milieu des désenchantements de son âge mûr, comme un retour des premières illusions, comme une réapparition de la Muse. Mais ce rêve s'évanouit promptement. Les soins de la politique le détournèrent bientôt et de nouveau l'absorbèrent. De graves questions sollicitaient l'attention de la diplomatie. De nouveaux nuages s'amoncelaient, menaçant de troubler le calme profond qui avait succédé aux orages de 1815. En Orient, la Grèce chrétienne commençait à relever la tête sous le joug des Turcs; les révolutions d'Italie n'étaient pas encore complétement apaisées; et la révolution d'Espagne, la lutte armée des Cortès contre leur roi, éclatant à nos portes, demandait une rapide solution. En présence de ces événements un nouveau congrès parut nécessaire aux cabinets européens. La mode était toujours à ces réunions brillantes, autant pour les fêtes dont elles étaient l'occasion que pour l'heureuse influence qu'elles pouvaient exercer sur la bonne conduite des affaires. Aux congrès de Vienne avaient succédé les congrès d'Aix-la-Chapelle, de Troppau, de Laybach. On résolut de s'assembler encore avec la même solennité pour trancher les difficultés pendantes. Les Rois étaient bien aises, en face du nouvel ébranlement et des nouvelles aspirations des peuples, de montrer le faisceau réuni de leur puissance. Ils étaient bien aises aussi d'épancher leur joie en commun, délivrés qu'ils étaient enfin des terreurs que leur avait causées le prisonnier de Sainte-Hélène. Ce terrible fantôme, dont l'apparition lointaine sur son rocher de l'Atlantique effrayait encore l'Europe, avait disparu à jamais. Napoléon venait de mourir lentement consumé par les feux de la zône torride, fin déplorable, destin funeste, en face duquel Châteaubriant, parmi les éclats d'une joie indécente, ne sut faire entendre que les accents d'une compassion généreuse.

Vérone fut le lieu choisi pour les nouvelles assises de la diplomatie européenne. Châteaubriant obtint l'honneur d'y venir représenter la France, de concert avec M. de Montmorency, le ministre des affaires étrangères. Il était digne de prendre place dans cette assemblée de Rois et d'Empereurs à côté des hommes d'État les plus illustres de son temps, les Metternich, les Hardemberg, les Nesselrode. Le congrès de Vérone forme le point culminant de la carrière politique de Châteaubriant. C'est le fait qui domine la dernière moitié de sa vie. Jusqu'à la fin, il revint avec complaisance sur ce grand acte diplomatique comme Cicéron dans sa vieillesse aimait à rappeler les jours glorieux de son grand consulat. Le moment est, il nous semble, venu d'examiner avec impartialité ce congrès, dont le souvenir lui était si cher et qui a été l'objet d'appréciations si diverses et si passionnées. Toutes les grandes questions de la politique européenne, qui sont encore les grandes questions du jour, s'y débattirent. On s'y occupa du sort de l'Italie. La France, s'intéressant déjà à son indépendance, demanda l'évacuation du Piémont par l'Autriche; et dans la question d'Orient d'accord avec la Russie elle réclama en faveur des populations chrétiennes contre la tyrannie des Turcs. Mais l'affaire urgente entre toutes, la question capitale pour le moment, était celle de la révolution d'Espagne, qui menaçait l'Europe et surtout la France d'un nouvel embrasement. Châteaubriant n'a pas craint de la proclamer au milieu des clameurs de l'opinion, c'est lui qui, appuyant M. de Montmorency, tout en modérant les exagérations de son zèle, finit par triompher des répugnances de M. de Villèle, et, malgré le mauvais vouloir de la Prusse et de l'Autriche, malgré les protestations de l'Angleterre, appuyé seulement de la Russie, fit décider la guerre et la guerre faite par la France. Cette conduite, il faut le reconnaître, si opposé que l'on soit à la politique d'intervention, était éminemment nationale et conforme aux traditions de la politique française. C'était la conduite que devait tenir le représentant de la dynastie des Bourbons, l'envoyé d'un ministère *royaliste*. Il ne voulait pas combattre la liberté en Espagne, mais la révolution triomphant à nos portes, Châteaubriant n'aimait pas cette origine pour la liberté.

Mais ce n'était là pour lui qu'un côté secondaire de la question. Il voulait aller en Espagne pour raffermir la couronne d'un roi allié de nos rois, pour abaisser les Pyrénées et continuer la grande politique de Mazarin et de Louis XIV. Il voulait aller en Espagne pour rétablir la gloire de nos armes et montrer à l'Europe que nos soldats savaient toujours vaincre. Malheureusement, cette guerre allait être regardée comme une guerre de parti, comme une guerre faite par la contre-révolution à la constitution d'un peuple et devant amener, après le renversement de cette constitution, la ruine de la charte elle-même. De là le soulèvement de l'opinion contre elle. De semblables desseins et de semblables arrière-pensées que pouvaient faire redouter peut-être les tendances exagérées du parti ultra-royaliste, ne pouvaient entrer dans l'esprit de Châteaubriant dont le dévouement à la charte égalait le dévouement à la royauté.

A son retour de Vérone, le ministre des affaires étrangères pressé d'en finir et de faire déclarer la guerre, voulut rappeler immédiatement de Madrid notre ambassadeur. M. de Villèle s'y étant refusé, M. de Montmorency donna sa démission, se tenant pour engagé d'honneur vis-à-vis de la Prusse et de l'Autriche, à interrompre en même temps que ces puissances les relations diplomatiques avec le gouvernement des Cortès. M. de Villèle qui voyait grandir l'impopularité de la guerre vers laquelle on s'acheminait, voulait encore tenter les voies pacifiques. Il tenait surtout à séparer notre action de celle des autres cabinets et à montrer que, même après le Congrès, nous demeurions maîtres de notre conduite et libres appréciateurs de ce qu'exigeait le soin de nos intérêts et de notre dignité. Châteaubriant accepta dans ces termes la succession de M. de Montmorency et consentit à reprendre les négociations. Mais les moyens diplomatiques n'obtinrent aucun résultat auprès du gouvernement de Madrid, et, la guerre devenue une nécessité, l'armée réunie au pied des Pyrénées reçut l'ordre d'envahir l'Espagne. A Châteaubriant, en qualité de ministre des affaires étrangères, incomba la mission de maintenir une situation politique favorable à la bonne conduite de cette guerre. Son attitude en face de l'Angleterre hostile, de l'Autriche et de la Prusse malveillantes, de la Russie seule favorable, fut à la fois noble et habile, et le duc d'Angoulême put faire en trois mois, avec quatre-vingt mille hommes, la conquête de toute la Péninsule, sans que rien vînt du dehors entraver ses opérations.

Châteaubriant fut moins heureux dans ses relations avec ses collègues au sein du Conseil. Il était peu fait pour s'entendre avec celui qui en était le président, M. de Villèle, véritable ministre des finances, homme prosaïque et exact comme un chiffre, d'un grand sens pratique dans le maniement des affaires, mais faisant bon marché de la charte et des libres institutions; tandis que lui, Châteaubriant, avec ses instincts chevaleresques, son imagination brillante et son cœur généreux, entraîné vers tout ce qui lui paraissait grand et beau, demeurait loyalement attaché aux libertés constitutionnelles: poëte et gentilhomme même en politique. Si M. de Villèle, plus appliqué aux affaires, jouissait de la réalité du pouvoir, Châteaubriant en avait les pompeuses apparences. C'est à lui que s'adressaient tous les hommages. C'est lui que les souverains étrangers faisaient complimenter et décoraient de leurs ordres. L'éclat de sa renommée attirait tous les regards. M. de Villèle, fort de la faveur du comte d'Artois qui était devenu le véritable roi, résolut de se débarrasser d'un collègue dont la brillante personnalité éclipsait trop la sienne. L'occasion ne tarda pas à s'en présenter. Le président du Conseil avait imaginé une combinaison financière au succès de laquelle le parti ultra-royaliste et surtout le comte d'Artois attachaient une grande importance, la *conversion des rentes,* qui devait permettre d'indemniser les émigrés sans imposer de nouvelles charges au Trésor. Ce projet de loi fut soumis à la discussion le 3 juin, en même temps que celui sur le renouvellement septennal de la Chambre. Châteaubriant et M. de Villèle étaient au banc des ministres. Châteaubriant appuya de toute son éloquence la loi sur la *septennalité* et garda le silence quand on en vint à la conversion des rentes : la conversion fut rejetée. M. de Villèle, furieux, se rendit aussitôt auprès du roi pour demander le renvoi d'un collègue à la conduite duquel il attribuait son échec. Il fit si bien avec l'aide du comte d'Artois que trois jours après Châteaubriant avait cessé d'être ministre. Le dimanche 6 juin, jour de la Pentecôte, il recevait du président du Conseil ce billet laconique : « Monsieur le Vicomte, j'obéis aux ordres du roi et je vous transmets l'ordonnance ci-jointe (ordonnance de destitution). » — « Monsieur le Comte, répondait immédiatement Châteaubriant, je quitte l'hôtel des affaires étrangères ; ce département est à vos ordres. » Et deux heures après il était réinstallé dans son modeste domicile de la rue d'Enfer.

Châteaubriant, étourdi de la violence de sa chute, demeura quelque temps éloigné de la scène politique. Il quitta la France pour s'en aller demander à la Suisse, à ses vallons paisibles, aux grands spectacles qu'y étale la nature, la guérison des plaies de son âme. Il y passa tout l'été de 1824. Puis, retrempé et raffermi, il revint se jeter dans la mêlée. Où allait-il prendre son poste de combat ? Quelle devait être désormais son attitude ? Par un mouvement que l'on a pu attribuer au dépit et au ressentiment, mais qui lui fut plutôt dicté par la vue des périls que les tendances de plus en plus contre-révolutionnaires de ses amis de la veille faisaient courir à la royauté, il résolut de se porter du côté des *libéraux*. Sous un gouvernement constitutionnel fonctionnant régulièrement et définitivement établi comme en Angleterre, là où les deux forces qui partagent la nation, les conservateurs et les libéraux, les Torys et les Whigs se combattent sans mettre en cause la dynastie et la constitution ; un pareil changement de front n'ayant pas de motif sérieux, n'aurait pu s'accomplir sans que la dignité de l'homme public qui aurait cru pouvoir se le permettre, n'en fût gravement atteinte. Nous n'en étions pas là en 1824; telle n'était pas en France la situation des partis dont les combats furieux mettaient sans cesse en péril les institutions elles-mêmes. La révolution et la contre-révolution, la nouvelle société et l'ancien régime étaient aux prises dans une lutte suprême, lutte à outrance et sans merci. Châteaubriant tenta d'équilibrer ces deux forces contraires. Voulant le salut de la royauté comme celui de la charte, il s'effraya de la violence du courant réactionnaire qui entraînait la royauté et la compromettait de plus en plus aux yeux de la nation. L'influence absolutiste devenait prédominante; pour faire contre-poids à ses fâcheuses tendances, il se rejeta du côté des *libéraux*.

Mais là se rencontrait un autre péril. Il était à craindre que le concours de Châteaubriant n'apportât trop de force à cette opposition et que les coups qu'il dirigerait contre le ministère dépassant le but, n'atteignissent la royauté elle-même en face d'un pays si jeune encore dans la pratique des institutions constitutionnelles. Ses intentions étaient pures. Il voulait la charte, il ne voulait que la charte ; mais il allait avoir le malheur de combattre à côté de partis pour qui la charte n'était qu'un prétexte et qui voulaient le renversement de la dynastie elle-même. Ces partis devaient profiter de ses efforts, surtout, il est vrai, par la faute de la royauté qui, dans son aveuglement, devait toujours repousser ses conseils et continuer de marcher dans la voie fatale où elle était engagée.

La lutte, au moment où Châteaubriant revint y prendre part, était devenue plus ardente, plus terrible que jamais. L'opposition comptait les écrivains les plus éloquents, elle réunissait les plus beaux talents, toute une génération généreuse et pleine d'avenir. Elle disposait de tous les genres de la littérature au début de cette brillante renaissance de 1825. La philosophie, l'histoire, le théâtre, le pamphlet, étaient autant d'armes pour elle. Le général Foy à la tribune et Béranger dans ses chansons, étaient les interprètes populaires de ses douleurs, de ses colères, de ses aspirations. La voix de Châteaubriant venant se joindre à ce grand concert, en doubla la puissance. Il se posa comme le champion de toutes nos libertés menacées. Au *Journal des Débats*, à la chambre des Pairs, dans de nombreux pamphlets, il se montra le plus chaleureux défenseur de la liberté de la presse, l'ennemi le plus redoutable de la censure. L'éclat de cette nouvelle polémique porta au comble sa renommée comme publiciste et fit ressortir encore toutes les qualités qui s'étaient révélées dans *Buonaparte et les Bourbons*, dans la *Monarchie selon la charte* et au *Conservateur*, cette vigueur du trait qui frappe profondément, ce flot de la verve qui entraîne, ce souffle puissant des indignations généreuses qui enflamme tous les nobles instincts. Si le pamphlet avait son Horace dans Paul-Louis Courier, Châteaubriant méritait d'en être appelé le Juvénal.

La mort du vieux roi (Louis XVIII), survenue le 16 septembre 1824, fit un instant déposer les armes au terrible polémiste. Il accorda une trêve d'un jour aux ministres en faveur de la royauté. Le fidèle sujet se retrouvait aux heures du péril. Le pouvoir royal, fondement de nos institutions, mis soudain à découvert, il s'empressa de se ranger autour de l'arche sainte, malgré le peu d'illusions qu'il se faisait sur le caractère et les tendances du nouveau souverain. Il pressentait tous les écueils qui attendaient le comte d'Artois, prince bon, loyal et chevaleresque, mais entêté de sa prérogative et tout entier livré à la contre-révolution. Châteaubriant, malgré ces appréhensions, n'en poussa pas moins en *féal* serviteur le vieux cri traditionnel : *le Roi est mort, vive le Roi !* Tel est le titre d'une brochure qu'il se hâtait de publier pour rappeler au respect du salutaire principe d'hérédité monarchique. A Reims, tout en se tenant à l'écart, il assistait aux fêtes du sacre et en redisait à la France les augustes cérémonies en des récits bien faits pour ranimer au cœur du pays en des jours moins troublés le culte et l'amour pour l'antique majesté de ses rois.

Charles X, durant les premiers jours de son règne, sembla avoir pris à tâche de faire oublier le comte d'Artois. Ses premiers discours témoignèrent d'un profond attachement aux institutions du pays et aux libertés constitutionnelles qu'il jurait de maintenir. Mais ces paroles accueillies avec une joie et un enthousiasme universels furent bientôt démenties par les actes de son gouvernement; le ministère Villèle conservé, reprit sa marche rétrograde, et Châteaubriant se vit obligé de rentrer dans la mêlée et de recommencer la lutte.

Ayant eu le bonheur à la chambre des Pairs de rallier autour de lui l'élite des esprits éclairés, Châteaubriant réussit longtemps encore à arrêter le gouvernement sur la pente fatale où il se laissait entraîner. Une foule de lois blessant au vif les intérêts nés de la Révolution avaient été proposées à la chambre des Députés et adoptées par elle, les lois du droit d'ainesse et du sacrilége, la loi de justice et d'amour, etc. Châteaubriant parvint à faire repousser par la Chambre héréditaire ces lois odieuses aux générations nouvelles. L'auteur du *Génie du Christianisme* se montra le plus ardent adversaire des passions religieuses qui les avaient inspirées et qui faisaient cause commune avec la réaction. Il comprenait que rien n'est plus funeste à la religion que d'unir sa cause à celle d'un parti politique et d'intéresser ainsi les partis opposés à sa ruine. L'on a vu combien les conséquences de la lutte qui aboutit à la révolution de 1830 lui ont donné raison. Ce n'est pas qu'il voulût séparer le clergé de l'ordre politique et lui refuser dans cette sphère la part d'action et d'influence qui doit revenir à tous les grands corps de la société. « Non, *le clergé...,* écrivait-il à M. de Montlosier qu'il refusait de suivre dans sa lutte contre l'Église et les Jésuites, *le clergé peut très-bien entrer dans le régime constitutionnel.* » Mais comment cette juste influence qui lui appartient doit-elle être comprise et exercée? Il nous l'apprenait dans la préface de son *Essai sur les Révolutions* (1828). « Se conformer en tout à l'esprit d'élévation et de douceur de l'Évangile, marcher avec le temps, soutenir la liberté par l'autorité de la religion, prêcher l'obéissance à la charte comme la soumission au roi, faire entendre du haut de la chaire des paroles de compassion pour ceux qui souffrent, quels que soient leur pays et leur culte, réchauffer la foi par l'ardeur de la charité, voilà, selon Châteaubriant, ce qui pouvait rendre au clergé la puissance légitime qu'il doit obtenir. »

En même temps qu'il faisait entendre à l'Église de France des conseils véritablement chrétiens et libéraux, il continuait la lutte avec un redoublement d'énergie en faveur de la liberté de la presse au *Journal des Débats*, *dans une brochure contre le rétablissement de la censure*, dans plusieurs discours à la chambre des Pairs. Le grand publiciste disait, en parlant du gouvernement représentatif : « C'est la liberté de la presse qui le fait. Ce n'est pas la charte qui nous donne cette liberté, c'est cette liberté qui nous donne la charte ; elle seule, cette liberté, est le contrepoids d'un impôt énorme, d'un recrutement qu'on peut accroître à volonté, d'une administration despotique laissée par la puissance impériale... »

Puis il se retournait contre ce qu'il appelait la *valetaille ministérielle*, ne leur accordant ni trève, ni merci, dénonçant à la France leur inintelligence en face de la transformation sociale qui agitait l'Europe. « Ils sont étrangers à tout cela, s'écriait-il ; ils marchent en sens inverse ! » Prédisant les malheurs prochains que ne pouvait manquer d'entraîner un pareil système : « En continuant de marcher comme vous marchez, leur disait-il, toute la révolution pourrait se réduire dans un temps donné à une nouvelle édition de la charte dans laquelle on changerait seulement deux ou trois mots. »

L'effet produit par ces articles était immense. Châteaubriant recevait des félicitations de tout le parti libéral, des Lafayette, des Sébastiani, des Benjamin Constant; Béranger le célébrait dans ses chansons; Armand Carrel recherchait son amitié; toute la jeunesse marchait sur ses pas; il était le dominateur avoué de l'opinion : brillante popularité dont il put s'enivrer un instant, mais dont le souvenir devait un jour lui être amer quand il s'entendrait, après la catastrophe, reprocher d'avoir, par son opposition aux ministres, ébranlé la royauté elle-même. Et pourtant, nous l'avons déjà proclamé, ses intentions étaient pures. Il ne cherchait qu'à assurer l'existence de la dynastie en même temps que le triomphe de la liberté, prodiguant au pouvoir les sages avertissements, interrompant souvent ses luttes contre les ministres pour élever la voix en faveur de la royauté. « Encore une trève du roi, paix aujourd'hui aux ministres, » écrivait-il le jour de la saint Charles, en une brochure qui était un hymne en l'honneur des Bourbons. L'avant-veille de cette fatale revue de la garde nationale, en avril 1827, revue qui fut le prélude des journées de juillet, Châteaubriant adressait à Charles X un Mémoire où il dévoilait les périls de la situation et indiquait le remède qu'elle commandait. Le seul remède, c'était la démission des ministres, et démission avant la revue: *car il serait également funeste de céder ou de résister à une manifestation populaire.* Mais on n'écoutait rien. Aux manifestations de la revue, aux cris de *à bas les ministres!* qui éclatèrent presque aux oreilles du Roi, on répondait par le licenciement de la garde nationale, par le rétablissement de la censure, par la dissolution de la chambre des Députés. C'étaient provocations sur provocations. Les oppositions irritées se coalisent et redoublent d'efforts; le sang coule dans Paris qui déjà s'essaie à de nouvelles révolutions. Enfin, grâce à l'entente des partis, l'opposition triomphe dans les élections, et la nouvelle Chambre repoussant tout accommodement, M. de Villèle est obligé de se retirer (4 janvier 1828).

Un ministère véritablement libéral et comprenant les nécessités du temps, le ministère Martignac, était enfin appelé à gouverner la France, bien tard, hélas! pour réparer les maux, pour apaiser les haines surexcitées par l'effort de la lutte et l'opiniâtreté de la résistance. Restait peut-être un moyen de salut, c'était de ne pas tenir plus longtemps écartés du pouvoir les chefs d'une opposition libérale plus avancée, tels que Royer-Collard, Casimir Perrier, Sébastiani. Il fallait les rattacher à la dynastie en leur enlevant tout intérêt à son renversement. Châteaubriant le conseilla, mais ses conseils avaient le pire destin. Il ne réussit qu'à faire appeler son ami Hyde de Neuville au département de la marine qu'on lui offrait pour lui-même.

Son ambition à lui était maintenant toute autre. Le pouvoir avait déjà perdu son prestige pour ce grand désabusé. Son âme avait besoin de se remettre des blessures reçues dans le combat. Après les fatigues de la lutte Châteaubriant se sentait repris de ses aspirations à une vie douce et calme, à une retraite paisible et glorieuse. L'image de Rome revenait traverser son imagination avec les souvenirs de sa jeunesse. Il voulait s'en aller disparaître au milieu de ses grandes ruines, y terminer une carrière qui déjà se faisait longue, et trouver près du tombeau du Tasse une sépulture en harmonie avec sa destinée. Pour arriver à l'accomplissement de ce vœu qui heureusement ne devait pas être son vœu suprême, Châteaubriant brigua et obtint l'honneur d'être envoyé comme ambassadeur auprès du Saint-Siége.

Et pourtant des liens bien puissants devaient alors l'attacher à la France. C'est l'heure où nous voyons apparaître à côté de son âge mûr l'aimable et bienfaisant génie qui devait être encore le charme et l'ornement de ses vieux jours. Ce génie est une femme. Poëte inspiré comme Dante et Pétrarque, Châteaubriant eut toujours sa Laure ou sa Béatrice. Galant chevalier comme les preux ses ancêtres, une femme présida à chacune des grandes phases de son existence, la dame de ses pensées qui l'encourageait dans ses luttes, le soutenait dans ses épreuves et applaudissait à ses triomphes : pures et nobles amitiés dont la poésie et l'art formèrent les doux liens. Nous avons vu la touchante figure de Mme de Beaumont sourire à ses premiers pas. Nous saluons dans la belle Mme Récamier l'inspiratrice suprême.

Mme Récamier a tenu le sceptre des Muses et de la Beauté pendant toute la première moitié de notre siècle, qu'elle a traversée au milieu de l'encens et des hommages de tous les hommes illustres. Il semble qu'elle ait été durant toute cette époque la véritable dispensatrice de la gloire. Les représentants des partis les plus opposés comme sous l'empire d'un charme irrésistible, s'empressèrent autour d'elle : leurs divisions et leurs querelles venaient mourir à ses pieds. Les Moreau, les Bernadotte et les Eugène de Beauharnais ; les Pasquier, les Molé, les Sismondi et les Benjamin Constant ; les Thierry, les Villemain et les Sainte-Beuve lui ont fait tour à tour un glorieux cortège. Le prince Auguste de Prusse demanda sa main. Benjamin Constant, en 1815, joua sa tête pour lui plaire ; et les commencements de la Restauration virent naître chez Mme de Staël, alors mourante, la touchante affection qui devait l'attacher à Châteaubriant jusqu'à la fin de sa vie.

C'est auprès de Mme Récamier, dans le paisible hermitage de l'Abbaye-aux-Bois, que l'auteur des *Martyrs* venait jouir de sa gloire et chercher le repos après le combat au milieu des luttes politiques, alors dans toute leur âpreté. Sa beauté, écrivait-il excellemment, mêle son existence idéale aux faits matériels de notre histoire : lumière sereine éclairant un tableau d'orage. » L'âme meurtrie de Châteaubriant se cicatrisait promptement dans cette atmosphère d'amitié et de poésie. Là, dans cette petite chambre du troisième étage, qu'il nous a décrite avec tant de charme dans ses *Mémoires*, éclairé par les derniers rayons du soleil couchant près de disparaître derrière les collines de Sèvres, le barde vieilli se transfigurait au milieu d'un cercle d'élite attentif et recueilli, soit qu'il déroulât la longue chaîne de ses souvenirs, soit qu'il débattît les grands intérêts de l'heure présente, ou que soulevant le voile qui dérobe l'avenir, il jetât sur les destinées de nos sociétés modernes des lueurs soudaines et merveilleuses. C'est du fond de ce sanctuaire de l'amitié et des lettres qu'il accueillait les applaudissements de la jeune génération littéraire, fille de ses œuvres, et encourageait ses efforts généreux au milieu du magnifique épanouissement de la Restauration, alors que le romantisme était pur encore des excès qui suivirent 1830.

De Rome, une fois rendu à son poste d'ambassadeur, il continua d'entretenir avec Mme Récamier les relations les plus suivies. Il y était partout accompagné de son image rendue sans cesse présente par une active correspondance. Il communique à son amie toutes ses impressions, tous ses travaux, toutes ses démarches, les intrigues qu'il a à dévoiler et à combattre pour l'élection successive de deux papes (Léon XII et Pie VIII), les vagues tristesses qui viennent sans cesse le reprendre au milieu des ruines dont il aime à paraître comme le génie, redisant avec son ancêtre Virgile :

Sunt lacrymæ rerum et mentem mortalia tangunt.

Bientôt la chute de la Royauté à laquelle il a attaché sa destinée fera de lui aussi une grande ruine. C'est auprès de Mme Récamier qu'il trouvera encore, dans son infortune, adoucissement et consolation.

Cette catastrophe, depuis longtemps prévue et annoncée, devenait de plus en plus menaçante. Le ministère Martignac, aux prises avec une situation intolérable, se débattait entre l'antipathie d'un roi qui le subissait malgré lui et l'opposition tracassière de partis extrêmes dont il ne parvenait à satisfaire aucun complètement. Un instant il parut avoir réussi à entraîner Charles X dans la voie des concessions, où l'appelait l'opinion publique de plus en plus excitée; il parvint même à arracher au roi les fameuses ordonnances de juin contre les Jésuites. Les libéraux applaudirent; mais Charles X profondément blessé ne pardonna pas à M. de Martignac cette violence faite à ses sentiments les plus chers. L'influence de la *congrégation* n'avait cessé de dominer à la cour du nouveau Jacques II. Le ministre qui s'y attaquait si directement ne pouvait manquer de succomber bientôt. Après la clôture de la session, Charles X s'empressa de profiter de l'absence des chambres pour renvoyer une administration qui lui avait toujours été à charge et qui maintenant lui était devenue odieuse; il voulait enfin reconstituer un ministère selon son cœur. C'est alors que M. de Polignac, de fatale mémoire, qui était regardé comme l'âme du parti absolutiste, comme le représentant le plus entêté et le plus aveugle de la contre-révolution, fut appelé aux affaires (1829, 8 août). Châteaubriant avait quitté Rome et se trouvait en congé dans les Pyrénées, où il prenait les eaux de Cauterets. A la nouvelle des changements qui s'accomplissent, il accourt à Paris en toute hâte pour conjurer l'événement; mais en vain; il arrive trop tard. Il ne lui reste plus qu'à rompre tous les liens qui l'attachaient au gouvernement, ne pouvant le suivre dans la voie funeste où il se précipite. Malgré les instances de M. de Polignac, il sacrifie sa chère ambassade de

Rome avec un revenu de deux cent mille francs pour suivre ses amis dans la retraite, et demeurer constant et ferme dans son attitude libérale.

Cette noble conduite provoque un redoublement d'admiration autour de Châteaubriant. Les félicitations lui arrivent de toutes parts. Les chefs des diverses oppositions, les Lamartine, les Lacretelle, les Thiers, les Guizot, s'empressent autour de lui, espérant le voir combattre encore à leur tête. Mais cette fois Châteaubriant résiste à l'entraînement. La guerre qui va s'engager, il le comprend, est une guerre à mort ; c'est la lutte suprême, non plus entre les oppositions et le ministère, mais entre la dynastie et la nation, entre la royauté et la charte. Ces deux causes lui sont également chères ; il ne peut travailler à la ruine de l'une ou de l'autre. Il craint même d'avoir déjà poussé trop loin son opposition sous le ministère Villèle. Il n'élèvera la voix désormais que pour faire entendre les conseils de la modération aux deux partis en présence : conseils, hélas! qui doivent être entièrement perdus. La royauté frappée d'aveuglement ne cesse de courir au devant de sa perte et de provoquer la nation. La chambre des députés à une majorité de 221 voix proteste contre les tendances inconstitutionnelles du gouvernement et prononce son fameux refus de concours ; le ministère y répond par la dissolution de la chambre. L'on s'efforce de faire diversion et de reconquérir quelque popularité par une fière politique extérieure ; on prend Alger malgré l'Angleterre. Mais c'est en vain ; rien ne peut détourner la nation de la lutte engagée à l'intérieur. De nouvelles élections ont lieu, où l'opposition triomphe encore : les 221 sont renvoyés à la chambre. Devant une aussi éclatante manifestation de l'opinion publique, M. de Polignac devrait se retirer. Non, l'on s'obstine ; l'on préfère recourir aux coups d'État, et cela sans avoir pris aucune des mesures propres à les faire réussir. Enfin sont publiées les fatales ordonnances (26 juillet 1830). Paris court aux armes ; la bataille s'engage, et après la lutte des trois jours la Royauté vaincue est réduite à reprendre le chemin de l'exil : catastrophe déplorable, déplorable pour la nation comme pour la dynastie et qui devait plus d'une fois dans la suite exciter les regrets des vrais amis de la liberté !

Que va devenir Châteaubriant dans ce grand naufrage ? Quelle va être désormais son attitude, sa conduite ? Va-t-il, comme tant d'autres de ses anciens amis, se rattacher au parti victorieux ? Va-t-il profiter pour sa fortune et son élévation personnelle de de cette révolution qui l'a porté en triomphe ? Le succès n'est pas le Dieu qu'adore celui qui doit mériter le beau titre de courtisan du malheur. Il demeurera fidèle à la dynastie dont il a pu blâmer les erreurs et combattre les fâcheuses tendances, mais dont il n'a jamais voulu la ruine. Le malheur lui donne à ses yeux une nouvelle consécration : il disparaîtra de la scène avec elle. Charles X en violant la charte a mérité son sort ; il le veut. Mais la faute a été personnelle, la peine doit l'être aussi. Reste un jeune héritier en faveur duquel le vieux roi abdique sa couronne : il faut sauvegarder avec lui le principe fondamental de l'hérédité et maintenir l'union entre l'ancienne et la nouvelle France.

D'ailleurs, Châteaubriant ne saurait se ranger du côté des spoliateurs de l'orphelin, inspiré en cela par la délicatesse et la loyauté de ses sentiments chevaleresques, et aussi par cet instinct du beau, par ce soin d'artiste qui a toujours présidé à l'arrangement de sa vie en vue de la postérité.

La séance du 7 août, à la chambre des Pairs, où fut définitivement tranché le sort de la branche aînée, fut le digne couronnement de sa vie politique. En face des dispositions hostiles de ses collègues, au bruit de la Révolution qui agitait encore la rue, Châteaubriant ne craignit pas de relever le drapeau de la royauté tombée. Il ne craignit pas de déclarer que le trône n'était pas vacant, qu'ils devaient, eux, les pairs du royaume, donner l'exemple de la fidélité en se serrant autour du jeune Henri V, placé sous la tutelle du duc d'Orléans ; qu'élire un roi serait souscrire au triomphe de la force et entrer dans une voie funeste ; qu'il ne leur appartenait pas de dépouiller une maison dont ils tenaient leurs titres, leurs pensions, leurs dignités. Hé quoi ! ces courtisans naguère si empressés, qui avaient applaudi aux mesures déplorables qui venaient de précipiter la dynastie, non-seulement ils l'abandonnaient dans le malheur, mais ils allaient la condamner ! Donnant un libre cours aux indignations de son âme, il les souffleta, les fustigea avec les tristes souvenirs de leur vie passée, de leurs changements de front, de leurs apostasies. *Ces provocateurs de coups d'état, tous ces preux dont les exploits projetés ont fait chasser les descendants d'Henri IV*, il les montrait *maintenant accroupis dans leur frayeur sous la cocarde tricolore.* « Les nobles couleurs dont ils se parent, s'écria-t-il, protégeront leur personne et ne couvriront pas leur lâcheté ! » Puis, secouant la poussière de ses pieds, il sortit du Luxembourg pour n'y rentrer jamais.

———

La vie publique est maintenant terminée pour Châteaubriant. Désormais s'enfermant dans la retraite, entouré d'ombre et de silence, enveloppé dans la dignité de son abstention, le grand génie blessé ne mettra plus la main aux affaires de ce monde.

Parfois il pourra encore élever la voix quand il s'agira de protester contre l'injustice ou de venger le malheur outragé. Vieux nocher au repos on l'entendra encore signaler les écueils et prédire les naufrages. Mais en vain l'on voudra lui faire quitter la rive, il laissera les navigateurs imprudents se débattre au milieu des tempêtes qu'ils n'ont pas craint de déchaîner.

Autour de lui l'on s'étonne de ce parti pris d'abstention et d'isolément; des voix s'élèvent pour blâmer cette conduite de la part d'un homme qui a si longtemps marché à la tête du libéralisme. N'est-ce pas pour la liberté que la révolution s'est accomplie? Pourquoi ne vient-il pas lui aussi travailler à en assurer le triomphe, à en affermir l'établissement à côté de ses amis d'autrefois, les Royer-Collard, les Pasquier, les Molé? Châteaubriant répond à ces reproches dans son écrit de la *Restauration et de la Monarchie élective*, et il le fait avec une éloquence victorieuse. Trop de liens l'attachent et l'ont toujours attaché à ses rois légitimes pour qu'il puisse abandonner leur cause sans compromettre la dignité de sa vie, lui qui de sa parole et de sa plume a tant fait pour préparer leur retour, affermir leur rétablissement et prévenir leur chute. Il est parvenu à un âge trop avancé pour commencer un nouveau rôle et affubler une nouvelle livrée. D'ailleurs il ne croit pas à la durée du nouveau régime qui n'est pas assez solide pour pouvoir se maintenir avec la liberté. « Il n'y avait, dit-il, qu'une vieille souche profondément enracinée dans le passé qui pût être battue impunément des vents de la liberté de la presse. » Avec une dynastie sans prestige et sans gloire, condamnée, par suite de son origine révolutionnaire, à l'impuissance vis-à-vis des troubles de l'intérieur et à l'isolement vis-à-vis de l'Europe conservatrice, le nouveau gouvernement est un édifice sans base et sans appui. Il n'a pour le soutenir qu'une fraction minime de la nation, la bourgeoisie lettrée et voltairienne. Il blesse au vif les grands instincts catholiques de la France ; et les passions démocratiques qu'il a soulevées et poussées en avant pour amener la catastrophe, voyant leurs espérances déçues, vont reprendre leur marche envahissante, courant formidable qui ne tardera pas à emporter ce gouvernement chancelant et mal assis. Châteaubriant, dès 1831, pouvait annoncer 1848. Pour mettre la main à une œuvre aussi éphémère, il n'abandonnera pas le royal rejeton qui représente toujours pour lui le grand principe d'hérédité et qui, élevé dans les idées de son temps, lui paraît seul satisfaire aux conditions de stabilité et de sage progrès que réclame le développement régulier de la civilisation.

Après ces explications que la vérité et son honneur exigeaient, Châteaubriant rentra dans le silence. Au fond de sa retraite de la rue d'Enfer, en cet asile de Sainte-Thérèse embelli par l'esprit charmant et l'inépuisable charité de Mme de Châteaubriant, les affections domestiques, l'amitié et le travail lui font oublier les amertumes de sa vie politique. La religion de sa jeunesse revient le visiter en cet asile de la paix et du recueillement si propre à inspirer les graves pensées; c'est à elle qu'il veut consacrer les derniers efforts de son génie. L'émeute gronde autour de lui; les discordes civiles ensanglantent la rue. Châteaubriant se détourne de ces tumultes et de ces agitations pour se rendre attentif à une autre révolution plus solennelle, dont la présente transformation sociale n'est que la conséquence lointaine. Il étudie de nouveau, non plus en poëte, mais en historien et en philosophe, l'établissement du christianisme dans le monde; il assiste à sa naissance, le suit dans ses développements à travers la société antique qui s'écroule et applaudit à son triomphe définitif sur les débris du monde romain au milieu des peuples barbares subjugués et transformés, traçant de ces époques bouleversées des tableaux pleins d'éclat et de vérité, qui unissent la richesse des détails à la grandeur des vues générales et mettent en lumière une foule de points jusque-là demeurés dans l'ombre. Il touche dans son vol à tous les hauts sommets de ces importantes régions historiques que les Thierry, les Guizot, les de Savigny ont scrutées profondément. L'empire romain tombe, il s'attache à la monarchie française, parcourt les phases diverses qu'elle a traversées et jette un jour nouveau sur les principales époques de notre histoire longtemps incomprises et travesties, nous montrant le progrès continu de la civilisation sous l'influence de l'esprit chrétien qui pénètre de plus en plus les mœurs et les institutions.

Après avoir célébré dans le grand ouvrage de sa jeunesse les beautés du christianisme et l'heureuse transformation qu'il a opérée dans les arts et la littérature, Châteaubriant disait tous les bienfaits que nous devons à cette religion régénératrice dans l'ordre social et politique. Les *Études historiques* couronnaient le *Génie du Christianisme* et complétaient la carrière de l'illustre écrivain en lui donnant une unité et une harmonie grandioses.

Châteaubriant se vit contraint d'interrompre encore ses chers travaux et de s'arracher à sa paisible retraite par le redoublement des haines et des discordes civiles, en l'année tourmentée de 1832. Il dut aller demander à la Suisse la tranquillité que lui refusait sa patrie. C'est durant ce voyage que pour honorer une illustre infortune, il visita la reine Hortense dans son exil et rencontra près d'elle, à Arenemberg, celui qui devait être un jour Napoléon III.

Objet des plus délicates prévenances de la part du jeune prince, il lui écrivit en retour une lettre demeurée fameuse, que terminait cette phrase courtoise et, si l'on veut, prophétique : « Si Dieu dans ses impénétrables conseils, avait rejeté la race de saint Louis, si les mœurs de notre patrie ne lui rendent pas l'état républicain possible, il n'y a pas de nom qui aille mieux à la gloire de la France que le vôtre. » Le génie de la liberté a son déclin, saluait le futur organisateur de la démocratie.

A la nouvelle de l'arrestation de la duchesse de Berry, Châteaubriant se hâta de rentrer en France pour venir plaider devant l'opinion la cause de l'illustre prisonnière. Il ne craignit pas de publier un mémoire sur sa captivité, mémoire éloquent où se trouvaient ces mots célèbres : *Madame, votre fils est mon roi*. Traduit pour cette phrase devant les Tribunaux, Châteaubriant se défendit lui-même, fut acquitté par le jury et reconduit en triomphe.

Bientôt après, son illustre cliente faisait un nouvel appel à son dévouement ; elle le chargeait d'aller à Prague annoncer et faire agréer son mariage secret avec le comte Lucchesi-Palli, délicate mission que Châteaubriant a appelée la *dernière et la plus glorieuse de ses ambassades* ; et deux fois messager de paix et de réconciliation, on le vit traverser l'Allemagne et venir apporter les supplications de la prisonnière de Blaye aux pieds du vieux roi de Prague, noble mission noblement remplie, qui présenta au monde un touchant spectacle : le patriarche vieilli du libéralisme et de la littérature aux pieds du vieux monarque tombé, faisant sa cour à cette grande infortune avec plus d'empressement qu'aux Tuileries dans les salles délabrées de l'antique palais des rois de Bohême, grande et triste ruine aussi.

Puis il parcourait de nouveau les chemins de l'Italie sur les pas de la duchesse de Berry qui avait recouvré sa liberté. Châteaubriant, pèlerin fatigué, retrouvait avec ivresse en ce voyage suprême l'image de ses jeunes années, Venise et le Lido, Ferrare et les souvenirs du Tasse, dont il se plut toujours à évoquer l'ombre et à marier la destinée à la sienne *comme un poëme dans un poëme*, a dit excellemment Sainte-Beuve. Il rencontrait sur cette terre aimée des poëtes, en cette patrie des arts et de la beauté qu'ils étaient venus saluer aussi pour la dernière fois, les traces lumineuses de Goëthe et de lord Byron, ces deux autres génies du siècle, le grand sceptique et le grand révolté ; tous les deux comme lui dès leurs jeunes années marqués d'un sceau funeste, mais qu'ils n'ont pas su effacer comme lui par la générosité des sentiments et la dignité de la vie.

Enfin, il regagnait sa retraite de la rue d'Enfer cette fois pour n'en plus sortir. Doué de cette verte et féconde vieillesse qui semble le privilége des vaillants athlètes de la liberté, et que nous admirons encore aujourd'hui chez les Berryer, les Guizot, les lord Brougham et les Palmerston, Châteaubriant ne s'y endormait pas dans le repos. Il reprenait ses travaux aimés ; il racontait en présence de la grande infortune des Bourbons la tragique histoire des Stuarts, demandant comme la plupart de nos grands esprits des enseignements à la Révolution d'Angleterre sur sur la marche de nos propres révolutions. Puis il revenait aux essais de sa jeunesse, il publiait des études sur la littérature anglaise et traduisait Milton, il revoyait son histoire du congrès de Vérone, ce glorieux épisode de sa vie vers lequel il revenait toujours avec .complaisance ; puis pour obéir à une pieuse inspiration rendue plus puissante par l'aspect sérieux et grave que donne aux choses la perspective de la mort prochaine, il écrivait la vie du saint fondateur de la Trappe, de l'illustre abbé de Rancé, dont la jeunesse orageuse et la vie troublée offrent plus d'un trait de ressemblance avec la jeunesse et la vie de celui qui fut René.

Enfin il retouchait et complétait ses *Mémoires* évoquant à l'approche du terme tous les souvenirs de sa longue carrière en cette série variée de tableaux saisissants dont les couleurs semblent empruntées tour à tour au pinceau des Titien, des Rembrandt ou des Velasquez, et sur lesquels je ne sais quelle vague et flottante atmosphère de douce mélancolie répand un charme inexprimable, travail de toute sa vie, qui forme comme le fond, comme la trame sur laquelle ressortent ses autres œuvres liittéraires, vaste poëme qui, publié seulement après sa mort, devait illuminer sa tombe d'un nouveau rayonnement de sa gloire. — De temps en temps à l'Abbaye-au-Bois, entre Mme Récamier, lumière déjà pâlissante, et le tendre Ballanche, le compagnon des anciens jours, entouré de quelques jeunes amis, l'honneur de la génération nouvelle, le vieux barde inspiré faisait entendre quelques-unes des pages émues qui disaient les jeux de son enfance, les ardeurs de sa jeunesse inquiète et rêveuse, les luttes et les triomphes de son âge mûr! Comme on savourait ces précieuses prémices! Avec quel respect mêlé d'attendrissement on écoutait ces intimes révélations d'une longue vie troublée et orageuse! Comme on s'empresait de recueillir les derniers accents de cette grande voix près de s'éteindre, les derniers oracles de ce puissant esprit qui allait bientôt quitter la terre! Nouveau Nestor parmi les rois de l'intelligence, on était avide de l'entendre invoquer sa longue expérience des choses, donner son avis sur la marche des sociétés, examiner les théories nouvelles et exposer ses propres doctrines sur le progrès et les destinées de l'humanité. C'était l'heure où apparaissaient tant de doctrines diverses, tant de systèmes chimériques, phalanstériens, saint-simoniens, socialistes, communistes, qui tous prétendaient apporter au genre humain la formule de son bonheur. Châteaubriant s'élevait contre tous ces systèmes qui faisaient consister la perfection sociale dans l'anéantissement moral de l'individu, dans l'entier effacement de toute personnalité devant la personnalité énorme de l'État, providence universelle. Il flétrissait ces théories dégradantes qui, en détruisant tout ressort dans les âmes, ne pouvaient que préparer l'asservissement de la France. Pas de progrès en dehors du christianisme, pas de liberté, pas de fraternité, sinon avec des institutions de plus en plus pénétrées de l'esprit évangélique. Il ne cessait de répéter, et c'était l'enseignement que devait proclamer avec une nouvelle solennité son testament religieux et politique, que *l'idée chrétienne est l'avenir du monde*.

Après avoir lentement traversé la lumière sereine de ce doux et paisible crépuscule, Châteaubriant disparut au milieu des orages. Sa vie s'éteignit au plus fort de nos discordes civiles encore une fois rallumées, en ces journées de juin 1848 qui furent les sanglantes funérailles de la liberté. La religion et la poésie (1) veillèrent au chevet de l'illustre mourant

---

(1) Victor Hugo.

et adoucirent sa dernière heure ; et maintenant conformément à son vœu suprême ses cendres reposent près du lieu qui fut son berceau, sur le rocher de Saint-Malo, témoin des jeux de son enfance, au bord de l'Océan dont la grande voix plaintive semble prolonger encore, écho inextinguible, ses accents mélancoliques, et dont les flots tumultueux offrent l'image de ses luttes et de ses combats.

———

Qu'il nous soit permis, avant de nous détourner, de considérer encore dans son ensemble et d'embrasser dans un dernier regard cette grande existence dont nous avons suivi avec bonheur les phases diverses, les nombreux et brillants épisodes.

Celui qui fut tour à tour le pâle rêveur aux passions funestes, le voyageur inquiet à la poursuite des poétiques chimères, le chantre ému des beautés du christianisme au milieu d'une génération impie et l'heureux rénovateur d'une littérature épuisée, le rival indompté de Napoléon tout-puissant et l'éloquent initiateur de la France aux institutions constitutionnelles, Châteaubriant du point de vue où nous sommes maintenant parvenu, nous apparaît comme la plus haute personnification de l'époque extraordinaire qu'il a traversée. Placé sur les confins de deux mondes, sa noble figure exprime avec les aristocratiques délicatesses de l'antique société qui disparaît, les généreuses aspirations de la nouvelle société qui naît et grandit. Son âme a profondément ressenti les ébranlements de ces temps de bouleversement et de ruines, et sa voix en a redit les tristesses. Comme ces jours troublés, il eut ses grandeurs, et aussi, nous devons le dire, ses misères, ses incertitudes, ses défaillances. Un dessin ferme et précis n'est pas la qualité qui domine dans les œuvres de l'écrivain que nous avons appelé notre grand coloriste; de même, une logique rigoureuse n'a pas toujours gouverné sa vie : le caprice et la fantaisie y ont leur place, et la noblesse des attitudes y est quelquefois gâtée par le théâtral. Nature mobile de poëte et d'artiste, intelligence unie à des organes délicats et impressionnables, il lui était difficile de marcher droit et ferme dans une voie toujours la même. Apologiste chrétien, ses actes et ses écrits ont été quelquefois païens ; royaliste libéral, il a peut-être en de certains jours trop appuyé du côté de la contre-révolution, et en d'autres instants donné trop fort dans le sens des partis avancés. Mais ces légers écarts, ces courtes déviations s'effaçaient dans la grande unité qu'un profond sentiment religieux, le culte pur du beau et l'amour constant de la liberté constitutionnelle, ont conservée à toute sa vie.

Il nous semble en présence de cette longue existence si magnifiquement remplie, contempler une de ces vastes cathédrales gothiques à travers lesquelles la païenne renaissance est venue semer ses riches et capricieuses ornementations. Les arabesques bizarres, les découpures variées, les entrelacs de plantes et d'animaux étranges, les pendentifs ingénieusement fouillés dérobent au premier regard les grandes lignes de l'édifice mais ne les détruisent pas ; et le monument irrégulier dans les détails demeure dans son ensemble imposant et majestueux — Telle nous apparaît la carrière parcourue par l'auteur du *Génie du Christianisme*, des *Martyrs* et de la *Monarchie selon la charte*.

L'époque représentée par cette brillante personnalité est maintenant loin de nous. Notre siècle avance sur son déclin et en avançant il accuse de nouvelles tendances et de nouvelles aspirations. Après avoir vu, comme nous le déplorions en commençant le niveau des caractères et des intelligences s'abaisser au milieu de l'excessif débordement d'une démocratie qui nous a ramené la dictature, instruits par l'expérience, revenus de tous ces écarts de raison et d'imagination dans lesquels nous avons donné en littérature comme en politique, nous avons senti enfin la nécessité de nous rattacher de plus en plus aux saines traditions chrétiennes et nationales et à ces grands principes d'ordre sans lesquels ne peuvent se maintenir les institutions. Un nouveau génie personnifiant cet esprit nouveau et venant se placer en face de Châteaubriant et de sa glorieuse école compléterait la beauté du tableau que doit présenter notre siècle aux regards de la postérité. — Aurons-nous encore cette bonne fortune après tant d'autres?.....

www.ingramcontent.com/pod-product-compliance
Lightning Source LLC
Chambersburg PA
CBHW070511100426
42743CB00010B/1807